모든 교인은
교회의 리더다

KB194932

모든 교인은 교회의 리더다

저자 김원태

초판 1쇄 발행 2019. 2. 7.
개정판 1쇄 발행 2024. 4. 3.

발행처 도서출판 브니엘
발행인 권혁선

책임교정 조은경
책임영업 기태훈
책임편집 브니엘 디자인실

등록번호 서울 제2006-50호
등록일자 2006. 9. 11.

서울특별시 송파구 백제고분로28길 25 B101호 (05590)
마케팅부 02)421-3436
편집부 02)421-3487
팩시밀리 02)421-3438

ISBN 979-11-93092-19-4 03230

독자의견 02)421-3487
이메일 editorkhs@empal.com

북카페 주소 cafe.naver.com/penielpub.cafe
인스타그램 @peniel_books

도서출판 브니엘은 독자들의 원고를 설레는 마음으로 기다리고 있습니다.
위의 이메일로 간단한 기획 내용 및 원고, 연락처 등을 보내주십시오.

도서출판 브니엘은 갓구운 빵처럼 항상 신선한 책만을 고집합니다.

「 건강한 교회를 세우기 위한 제직 양육 교과서 」

모든 교인은
교회의 리더다

김원태 | 지음

성숙한 리더가 많은 교회가
건강한 교회다

당신은 교회의 구경꾼이 아니다. 교회의 리더다. 교회는 크냐 작냐보다 더 중요한 것은 건강한 교회가 되는 것이다. 건강한 교회는 시간이 지난다고 저절로 만들어지지 않는다. 건강한 교회는 건강한 리더가 얼마나 많이 세워졌느냐에 달려 있다. 교인들은 시간이 흐른다고 저절로 성장하지 않는다. 훈련받을 때 자라고, 또 주위에 성숙한 리더가 많을 때 그들을 보고 성장하게 된다.

한 교회의 색깔은 리더의 색깔로 결정된다. 그래서 교회의 리더는 중요하다. 예수님의 공생애를 연구해보면 예수님은 수많은 군중을 만나기도 하셨지만, 대부분 시간을 열두 제자를 세우고, 그들을 훈련하는 데 사용하셨다. 마찬가지로 교회도 무엇보다도 교회의 리더를 훈련시켜야 한다.

　　로마가 세계를 지배하게 된 이유에 관한 여러 학설이 있다. 그중 로마에는 중간리더가 많았다는 사실도 큰 힘을 받고 있다. 로마의 숙적이었던 카르타고는 한니발이라는 장군 외에 특별한 장군이 없었다. 카르타고는 한니발이 죽자 금방 망하고 말았다. 그러나 로마는 뛰어난 장군은 없었지만 수많은 장군이 있었기에 쉽게 무너지지 않았다.

　　로마의 용병술은 과감한 포용력이었다. 로마는 전쟁에서 패한 나라의 장군도 로마에 충성을 다짐하기만 하면 로마의 장군으로 받아들였다. 로마는 이웃 나라를 정복할 때마다 로마를 든든히 세우는 장군을 많이 세웠다.

　　건물도 기둥이 많으면 엄청난 태풍에도 쉽게 무너지지 않는다. 교회는 좋은 리더가 많아야 한다. 세계적으로 부흥하는 건강한 셀 교회는 모든 교인을 잠재적인 리더로 보고, 교인 전체를 리더로 양육한다. 그것이 셀 교회 부흥의 최고 전략이다.

　　이 세상에 태어난 사람은 모두 리더다. 사람이 성장하여 결혼하는 순간 리더의 자리에 서게 된다. 부모는 자신이 원하든 원치 않든 간에 자녀들을 키워야 하는 리더가 된다. 그러므로 리더는 선택이 아니라 필수이다. 모든 사람은 잠재적 리더로 태어났다. 당신이 리더인 것을 알아야 한다. 우리는 모든 사람이 리더라는 사실을 알고 리더로 키워야 한다.

예수님도 예수님을 따르는 자들을 모두 리더로 키우셨다. 건강한 교회는 교인 숫자가 많은 것이 아니라 리더가 많은 교회다. 좋은 리더는 저절로 만들어지지 않는다. 끝없는 훈련으로 만들어지는 것이다. 이 책을 통해 모든 교인이 다 건강한 리더가 되기 바란다.

글쓴이 김원태 목사

C·O·N·T·E·N·T·S
차 례

>>> **Part 2.** 그리고 사람을 사랑하라

01

먼저 하나님을 사랑하라

사람을 향한 첫 번째 우선순위는
하나님을 사랑하는 것이다.

"예수께서 거기서 나가사 두로와 시돈 지방으로 들어가시니 가나안 여자 하나가 그 지경에서 나와서 소리 질러 이르되 주 다윗의 자손이여 나를 불쌍히 여기소서. 내 딸이 흉악하게 귀신 들렸나이다 하되 예수는 한 말씀도 대답하지 아니하시니 제자들이 와서 청하여 말하되 그 여자가 우리 뒤에서 소리를 지르오니 그를 보내소서. 예수께서 대답하여 이르시되 나는 이스라엘 집의 잃어버린 양 외에는 다른 데로 보내심을 받지 아니하였노라 하시니 여자가 와서 예수께 절하며 이르되 주여 저를 도우소서. 대답하여 이르시되 자녀의 떡을 취하여 개들에게 던짐이 마땅하지 아니하니라. 여자가 이르되 주여 옳소이다마는 개들도 제 주인의 상에서 떨어지는 부스러기를 먹나이다 하니 이에 예수께서

대답하여 이르시되 여자여 네 믿음이 크도다. 네 소원대로 되리라 하시니 그때로부터 그의 딸이 나으니라"(마 15:21-28).

평생 아버지와 한집에 사는 딸이 아버지의 얼굴을 한 번도 보지 못했다면 안타까운 일이다. 평생 교회를 다녔는데 한 번도 하나님을 만나지 못했다는 것도 정말 안타까운 일이다. 평생 빵집에서 살았는데 빵을 한 번도 먹어보지 못했다면 말이 안 된다. 교회는 영적인 빵집이다. 교회는 친목단체가 아니다. 교회는 종교행위를 하는 곳도 아니다. 더욱이 교회는 자선사업을 하는 곳도 아니다.

현대의 많은 교회가 자선과 사회봉사에 열심을 내고 있다. 물론 좋은 일이다. 하지만 본질을 버리고 차선의 일들에 몰두하는 것은 난센스다. 이런 일들은 다른 종교에서도 하는 일이다. 교회의 본질은 예수님의 보혈과 성령의 불이다. 예수님의 보혈과 성령의 불이 사라진 교회는 이미 교회의 원동력을 잃은 것이다.

교회는 자선단체가 아닌 하나님을 만나는 곳이다. 그런데 교회 안에 하나님을 만나지 못한 사람들이 대부분이다. 이것은 현대교회의 치명적인 실수이다. 교회 안에는 하나님을 만난 사람은 없고 하나님에 대해 들은 사람들만 가득하다. 하나님은 우리에게 말씀하신다. "나에게 대해 듣기만 하지 말고 나를 만나라."

혹시 당신은 아버지를 연구하는가? 아버지를 만나는가? 아들은 아버지를 연구하지 않는다. 그냥 아버지를 만난다. 우리도 하나님을 연구할 이유가 없다. 그냥 하나님을 만나야 한다. 많은 교인이 하나님에 대해 수없이 많이 듣고 있지만 하나님을 만나지는 않는다.

상대방에 대해 아는 것과 상대방을 직접 만나는 것은 전혀 다른 일이다. 우리가 대통령에 대해 듣는 것과 대통령을 개인적으로 만나는 것은 차원이 다른 일이다. 불에 대해 말을 듣는 것과 불을 직접 만지는 것은 전혀 차원이 다른 일이다.

우리 인생에 최대의 만남은 유명인이나 성공한 자가 아니라 하나님을 만나는 것이다. 초라한 인간이 온 우주의 주인이신 하나님을 만나는 일은 인생에서 가장 흥분되는 일이며, 내 인생에 지진이 일어나는 엄청난 일이다.

인생에 가장 시급한 일은 나를 이 땅에 보내신 그분을 만나는 것이다. 나를 만드신 그 하나님을 만나면 인간 존재 자체의 모든 문제가 해결된다. 가난, 외로움, 열등감, 우울, 불안, 두려움, 애정 결핍, 염려, 근심, 걱정, 질병, 슬픔…. 이런 부정적인 모든 것은 마치 한 치의 앞도 보이지 않는 짙은 안개가 태양이 떠오르면 순식간에 사라지듯 하나님을 만나면 순식간에 다 사라진다.

그러면 왜 현대인들은 하나님을 만나고자 하는 갈망이 없을까? 하나님 대신 다른 대용품을 채웠기 때문이다. 눈에 보이지 않는 하나님보다 눈에 보이는 돈과 성공을 의지하게 되었고 오락과 취미생활에 빠졌다. 현대인들은 세상일들로 삶에 만족하고 하나님에 대한 갈급함을 대신하였다. 끝없이 새로운 일, 새로운 프로그램, 새로운 문화, 새로운 기계에 빠져 살아가고 있다.

사탄의 책략은 하나님에 대한 갈급함을 갖지 못하도록 세상의 잡동사니를 우리의 마음에 가득 채우는 것이다. 오랜 세월 이 전략은 특효를 발휘했다. 내 손에 붙잡은 것이 가득하다면 다른 그 무엇도 붙잡을 수가 없다. 내 머리에 어떤 것이 가득하다면 다른 그 무엇도 들어갈 수 없다. 내 마음에 어떤 것이 가득하다면 결코 하나님을 모실 수 없다. 교회에서도 하나님 대신 다른 것을 찾으면 결코 하나님을 만날 수 없다.

우리가 하나님을 채울 수 없는 가장 큰 이유는 세상의 것이 가득하기 때문이다. 하나님을 만나길 원한다면 이 세상의 것을 비워야 한다. 비우지 않으면 채울 수 없다는 것은 당연한 자연의 법칙이다. 이 세상의 것은 아무리 채워도 채워지지 않는다. 왜 우리의 마음에는 아무리 많은 것을 채워도 다 채워지지 않을까? 그것은 하나님으로만 채울 수 있다는 역설이다.

미국의 한 목사님이 에티오피아 목사님을 만났는데, 그 에티오피아 목사님이 미국 목사님에게 이렇게 말했다.

"우리는 미국교회를 위해 기도하고 있습니다."

미국 목사님은 깜짝 놀라 되물었다.

"아니, 에티오피아교회가 미국교회를 위해 기도하신다고요?"

"네, 우리처럼 가난한 사람들보다 부유한 사람들이 신앙생활을 하기가 훨씬 더 어렵기 때문이지요."

모든 교인은 교회의 리더다

정곡을 찌르는 말이었다. 사탄이 미국교회의 생명력을 앗아가기 위해 쓰는 최대의 술책은 형통이라는 사탕이다. 우리는 세상의 형통함보다 하나님을 향한 갈증이 있어야 한다.

나는 예수님을 향해 갈망을 가진 한 여인을 소개하고자 한다. 그녀는 유대인도 아닌 이방 땅에 있는 가나안 여인이다. "예수께서 거기서 나가사 두로와 시돈 지방으로 들어가시니"(마 15:21).

예수님은 사역 초반을 갈릴리 지역에서 하셨다. 예수님이 갈릴리에서 사역하시다가 잠시 갈릴리에서 위쪽으로 약 50~60km 정도 떨어진 이방 땅인 두로와 시돈 지역으로 옮기셨다. 그곳에 갔을 때 한 여인이 간절한 마음으로 예수님께 다가왔다. "가나안 여자 하나가 그 지경에서 나와서 소리 질러 이르되 주 다윗의 자손이여 나를 불쌍히 여기소서. 내 딸이 흉악하게 귀신 들렸나이다 하되"(마 15:22). 두로와 시돈은 이방 지역이었고, 특히 시돈 지방은 아합시대에 가장 악한 왕비인 이세벨의 고향이기도 했다.

이 여인은 자신이 살던 지역에서 빠져나와 예수님에게 다가와서 큰소리로 "주 다윗의 자손이여 나를 불쌍히 여기소서. 내 딸이 흉악하게 귀신 들렸나이다"라고 외쳤다. 그 여인이 부르짖는 이유는 자신의 딸이 귀신 들렸기 때문이라고 말하였다. 딸이 귀신 들린 것은 자랑할 일이 아니었다. 부끄러운 일이고 숨길 일이었다. 그런데도 그녀는 그 딸이 치유되어야 한다는 간절함이 있었기에 부끄러운 것도 개의치 않고 외쳤다. 그녀는 이방인이라는 어둠의 자리를 박차고 예수님이라는 빛이 있는 곳으로 뛰어나왔다.

그녀는 예수님이 병든 자를 고치시고 죽은 자를 살리신다는 소문을 들었다. 그녀는 소문으로 만족하지 않았다. 그녀는 예수님에 대해 아는 것으로 만족하지 않았다. 그녀는 예수님을 정확하게 알고 있었다. 그녀는 예수님을 주로 알았고 다윗의 자손, 즉 메시아로 알았다. 그녀는 지금 주님이시고 메시아이신 예수님을 아는 것에 머무르지 않고, 직접 만나길 원했다. 그래서 그녀는 예수님에게 다가와 울부짖고 있다. 그녀에게는 예수님을 만나야 한다는 갈망이 있었다.

마태복음 15장 1~20절을 보면 이 사건이 있기 바로 직전에 예루살렘에서 내려온 바리새인과 서기관들이 예수님과 논쟁하는 장면이 나온다. 그들에게는 예수님을 향한 아무런 존경심도, 예수님을 주인으로 모시고 싶은 마음도 없었다. 단지 예수님을 논쟁거리로만 삼고 있었다. 예수님은 이들에 대해 질리셨다. 예수님은 이들을 피해 잠시 쉬고자 두로와 시돈 땅으로 가신 것이다.

그곳에 가자 예수님을 간절히 만나고자 하는 갈망이 가득한 여인이 큰소리로 울부짖으며 다가왔다. 이 여인은 왜 이렇게 간절하게 예수님을 만나려고 하는가? 바로 딸이 질병에 들었기 때문이다. 이 여인이 예수님에 대한 갈망이 얼마나 큰지 모른다. 그런데 예수님의 반응은 싸늘했다. "예수는 한 말씀도 대답하지 아니하시니 제자들이 와서 청하여 말하되 그 여자가 우리 뒤에서 소리를 지르오니 그를

모든 교인은 교회의 리더다

보내소서"(마 15:23).

제자들은 그녀의 울부짖음에 귀찮아서 "예수님, 빨리 치유해주시고 가시죠"라는 투로 말씀을 드렸다. 그런데 예수님은 그녀의 부르짖음에 한마디도 대답하지 않으시고, 도리어 이상한 말씀을 하셨다. "예수께서 대답하여 이르시되 나는 이스라엘 집의 잃어버린 양 외에는 다른 데로 보내심을 받지 아니하였노라 하시니"(마 15:24).

보통 때에는 예수님을 만나겠다고 큰소리를 치면 예수님은 가시던 길을 멈추고 그들의 소원을 들어주셨다. 그런데 이번에는 유대인들을 구원하기 위해 오셨다면서 이방인의 부르짖음에는 별 관심을 보이지 않으셨다. 그때 여인은 예수님의 단호한 거절에도 포기하지 않고 예수님의 발 앞에 엎드려 절을 하며, 자신을 도와달라고 끈질기게 간청했다.

그러나 예수님의 반응은 여전히 싸늘했다. "자녀의 떡을 취하여 개들에게 던짐이 마땅하지 아니하니라"(마 15:26). 개라는 단어는 헬라어로 '퀴온'이라는 들개와 '퀴나리온'이라는 애완용 개가 있는데, 여기서는 퀴나리온, 즉 애완용 개를 말한다. 예수님은 떡을 자녀에게 주는 것이 마땅하고 집에서 키우는 애완용 개에게 주는 것은 옳지 않다는 의미로 말씀하셨다.

이 정도로 말을 하면 보통 사람 같으면 "아니, 예수님이 사랑이 많으신 줄 알았는데 나를 개로 취급하네" 하며 낙심하고 돌아섰을 것이다. 그런데 그녀는 달랐다. 정말 목이 마른 사람은 자존심이 없다. 정말 목이 마른 사람은 체면도 없다. 그녀에게는 갈급함이 온몸에 가득했다. 그녀는 자신의 목마름을 이렇게 표현하였다. "여자가 이르되 주여 옳소이다마는 개들도 제 주인의 상에서 떨어지는 부스러기를 먹나이다 하니"(마 15:27).

그녀는 자신은 이방인이니 개라고 하여도 개의치 않았다. 다만 개들도 주인의 상에서 떨어지는 부스러기를 먹는데 나에게 주님이 베푸시는 부스러기만이라도 달라고 간청하였다. 그녀는 알고 있었다. 부스러기 은혜만 있어도 모든 병을 고치고 회복하는 능력이 있음을. 부스러기 은혜만 있어도 평생 치유하지 못하는 질병도 순식간에 치유됨을 알았다.

이때 예수님은 "부스러기만이라도 좋사오니 부스러기 은혜라도 주옵소서"라고 말하는 이방여인에게 부스러기가 아닌 더 큰 은혜를 부어주신다. "이에 예수께서 대답하여 이르시되 여자여 네 믿음이 크도다. 네 소원대로 되리라 하시니 그때로부터 그의 딸이 나으니라"(마 15:28).

우리가 가진 한글 성경에는 안 나와 있는데, 원어에는 "여자여"라는 말 앞에 "오"라는 감탄사가 있다. 예수님은 이 여자의 믿음에 감동이 되셨다. 이 여인이 예수님의 마음을 얻자, 그녀는 순식간에 소원이 이루어졌다. 예수님의 마음을 얻자, 순식간에 딸의 불치병이 치유되었다.

예수님은 이 여인에게 "네 믿음이 크다"고 말씀하셨다. 예수님은

모든 교인은 교회의 리더다

이 여인이 가진 갈망을 믿음으로 연결하셨다. 예수님께서 이 여인의 간청에 사늘한 반응을 보이신 것은 여인을 향한 테스터였다.

믿음은 언제나 현재형이다. 옛날의 믿음은 중요한 것이 아니다. 지금 믿음이 있어야 한다. 옛날에 하나님을 향한 갈증이 있었다는 것이 중요한 게 아니다. 지금 "하나님의 부스러기 은혜라도 좋습니다"라고 하며 그분께 부르짖는 갈증이 있어야 한다.

또 믿음은 지속성이다. 한 번 믿는 것은 중요한 것이 아니다. 계속 믿는 것이 중요하다. 한 번 간절히 기도해서 응답이 없다고 포기하면 진짜 믿음이 아니다. 믿음은 일회용 자판기가 아니다. 믿음은 흥정용이 아니다.

> 믿음은 어떤 상황에서도 계속 믿는 것이 믿음이다.
> 응답이 있든 없든 상관없이
> 계속 그분을 찾고 믿는 것이 믿음이다.
> 때로는 우리의 기도가 응답될 때도 있고,
> 또 몇 년 동안 기도해도 응답되지 않는 때가 있다.
> 그래도 응답에 상관없이
> 그분을 계속 지속해서 믿는 것이 믿음이다.

우리의 삶은 테스터다. 하나님은 우리가 어떤 태도로 살아가는지, 무엇을 갈망하며 살아가는지 다 보고 계신다. 당신에게는 매일 그분을 신뢰하고 그분을 찾는 갈망이 있어야 한다.

예수님은 지금 이 여인을 향해 네 믿음이 크다고 칭찬해주셨다. 왜 갑자기 이 여인의 믿음이 크다고 말씀하시는가? 예수님이 거절하고 냉대해도 계속 끝까지 포기하지 않고 믿고 간구하였기 때문이다.

이 여인을 향해 믿음이 크다고 말씀하시는 것은 예수님 바로 곁에 있는 제자들에게 이렇게 말씀하시는 것과 같다.

"너희들은 이 여인의 믿음이 보이느냐?"

"너희들은 이 여인에게 있는 나를 향한 갈망이 있느냐?"

예수님의 제자들이라고 하며 따라다니는 그들에게도 이 이방여인이 가진 큰 믿음이 없었다. 예수님은 이번 장의 말씀 마태복음 15장 사건이 있기 전에 마태복음 14장에서 제자들에게 믿음이 작다고 꾸중하셨다. 그리고 마태복음 15장 전반부에서는 바리새인들이 예수님을 존경하는 마음이 없다고 책망하셨다. "이 백성이 입술로는 나를 공경하되 마음은 내게서 멀도다"(마 15:8). 예수님 곁에 있는 제자들이나 그 당시 종교 지도자인 바리새인들은 이 여인이 가지고 있는 예수님을 향한 갈망이 없었다.

우리 주변에도 몸이 아프고, 가정이 깨어지고, 사업에 어려움이 있는 사람들이 간절한 마음으로 교회를 찾아와 은혜를 받는 경우가 종종 있다. 그들은 "부스러기 은혜라도 좋사오니 은혜를 베푸소서" 하며 간절한 마음으로 예수님을 찾는다. 그런데 정작 교회 안에 있는 사람들은 예수님에 대해 냉랭하다. 교회에서 하는 모든 것이 너무나 익숙해서 아무런 열정도, 기대도, 갈증도 없다. 찬양에도 열정이 없고 기도에도 열정이 없으며 말씀에도 갈급함이 없다. 영이 말라 죽어 가고 있는데도 하나님을 만나고자 하는 갈망이 없다. 정말 안타까운 일이다. 우리에게는 이 이방여인이 가졌던 갈망이 필요하다.

현대 교인들의 최고의 질병은 영적 미지근함이라는 난치병이다. 하나님은 하나님이 주시는 혜택만 받으려는 자를 만나주시지 않는다. 이 여인처럼 예수님을 주인으로 모시는 자, 예수님이 주시는 부스러기 은혜라도 받아야겠다는 갈망이 있는 자를 원하신다. 당신은 이 여인처럼 예수님 앞에 나와 울부짖어 본 적이 있는가? 사람들의 시선이나 사람들의 말에 아랑곳없이 그분을 만나기 위해 부르짖어 본 적이 있는가?

이 여인은 가나안인으로 완전한 이방여자였다. 갈릴리 지역 아래쪽에는 사마리아인들이 있었다. 그들은 혼혈족으로 반 유대인들이었다. 유대인들은 사마리아인들을 혼혈족이라고 상종도 하지 않았다. 하물며 이방인인 가나안인을 사람 취급했겠는가? 가나안인은 출애굽한 이스라엘 백성들이 가나안 땅을 공격하여 모두 죽여야 했던 자들이었다. 가나안은 여호수아의 군대에 의해 완전히 점멸 당했어야 할 자들이었다.

모든 유대인의 눈에는 가나안 사람들이 살아 있는 것 자체가 혐오스러운 일이었다. 그런데 모든 유대인이 무시하는 이 가나안 여인이 모든 유대인이 잃어버렸던 것을 가지고 있었다. 그것은 예수님을 향한 뜨거운 갈증이었다. 이 여인은 현대교회 교인들이 갖지 못한 것을 가지고 있었다. 우리는 이 사건을 통해 몇 가지를 깊이 생각해 보고자 한다.

하나님을 향한 갈망이 있어야 한다

이 가나안 여인은 이방인이었지만 유대인인 예수님을 만나길 원하는 갈망이 있었다. 유대인이 가나안 여인을 만나주지 않는다는 것을 상식적으로 잘 알고 있었다. 그러나 그녀는 시대적 상황과 상식을 무시하고 유대인인 예수님을 만나야 한다는 갈망이 가득했다. 그 갈망함을 아시고 예수님께서 일부러 갈릴리 사역을 멈추시고, 이방 땅인 두로와 시돈으로 오신 것이다.

예수님께서 갈릴리 사역을 하시다가 갑자기 두로와 시돈 지역으로 사역지를 옮기신 이유는 한 여인을 만나 그 딸을 치유하시기 위함뿐이었다. 예수님은 이 여인의 딸을 고치시고 곧 다시 갈릴리로 돌아오셨다. 갈망은 예수님을 만나게 해준다. 이 여인이 예수님에게 오기 전에 예수님께서 먼저 이 여인이 있는 지역으로 가신 것이다.

이런 말을 들어보았는가?

"학생이 준비되면 스승은 나타난다."

모든 교인은 교회의 리더다

하나님은 지금도 모든 사람의 마음을 다 알고 계신다. 하나님은 하나님을 간절히 만나길 원하는 자에게 사람을 보내시고 환경을 만들어주신다. 하나님은 하나님을 간절히 찾는 자에게는 반드시 만나주신다. "나를 간절히 찾는 자가 나를 만날 것이니라"(잠 8:17).

어떤 사람이 스승을 찾아가서 물었다.

"어떻게 하면 하나님을 찾을 수 있습니까?"

스승이 대답했다.

"갈망함으로써 찾을 수 있느니라."

"그렇지만 저는 온 마음을 다해 하나님을 갈망하고 있지 않습니까? 그런데 왜 그분을 찾지 못하는 것이지요?"

그러자 스승은 제자를 데리고 강에 가서 제자의 머리를 물속에 밀어 넣고는 몸부림칠 때까지 붙들고 있었다.

"자네 머리를 물속에 넣었을 때 왜 그렇게 몸부림을 쳤나?"

"숨이 막혀서 그랬습니다."

"바로 그렇게 하나님을 숨 막히게 찾는 갈망을 가지게 되면 하나님을 찾을 수 있다네."

나는 오랫동안 성령에 대한 갈망이 있었다. 나는 초등학교 5학년 때 성령을 체험했다. 그 후 뜨거운 신앙생활을 하다가 대학을 마치고 신학교에 들어갔다. 그곳에서 성령론을 가르치는 교수님이 사도행전 2장에만 성령이 부어졌지 그 후로는 없다고 말씀하시고, 또 기도할 때 중언부언하는 방언 같은 것은 하지 말라고 하셨다. 그때 강력한 소방수의 물에 나의 뜨거운 불은 다 꺼져버리고 말았다.

그 후 신대원을 졸업하고, 대학교 다닐 때 CCC에서 했던 큐티를 하며, 큐티 전문가가 되어 〈생명의 삶〉 편집장을 하고, 〈새벽나라〉〈예수나라〉 등 말씀 묵상 월간지를 창간하며 큐티 속에 빠져 살았다. 그런데 나의 영은 늘 공허했다. 어릴 때 경험한 그 성령님에 대한 갈망은 점점 더 커져만 갔다. 미국 유학생활을 하면서 매일 집 뒤에 있는 수풀을 거닐면서 성령 충만하게 해달라고 간절히 기도하였다. 그러나 3년 내내 아무 일도 일어나지 않았다.

그 후 귀국하여 2000년 12월 교회를 개척한 후 계속 성령 충만을 위해 기도하였다. 그러나 4년 내내 아무 일도 일어나지 않았다. 그러다 2004년 4월 고난주간 특별새벽기도회 기간에 그 성령 충만을 더욱 간절히 원하며 매달렸다. 마침내 그 주간 토요일 아침 10시쯤 혼자 기도하는데 강력한 성령이 부어졌다. 온몸이 불덩어리가 되었다. 그 후 집회를 다니면 언제나 큰 성령의 역사와 치유가 일어났다.

누가 성령 충만을 받는가? 성령 하나님에 대한 갈망이 있는 사람이다. 당신에게 하나님에 대해 아는 것을 중단하고 하나님을 직접 만나고자 하는 갈망이 있길 바란다. 한 번 기도했다가 그분의 임재가 없었다고 포기해서는 안 된다. 계속 하나님을 만나고자 하는 간절함을 가지고 기도해야 한다. 하나님은 간절히 원하는 자에겐 반드시 채워주실 것이다. 더욱이 당신이 교회의 리더라면 반드시 하나님을 만나야만 한다.

고난은 하나님을 만나는 기회가 된다

분문에 나온 가나안 여인은 딸이 병들었기 때문에 예수님을 만나고자 하는 간절한 열망이 생겼다. 딸의 병이 그녀가 모든 수치와 자존심을 버리고 예수님을 만나게 하는 강력한 기회를 만들어주었다. 이 가나안 여인에게 있는 고난은 예수님을 믿게 하는 강력한 축복이 되었다. 이처럼 이 땅에 존재하는 모든 고난은 하나님을 만나는 기회가 되기 때문에 우리에게 유익을 준다. 그래서 고난은 변장된 축복이다.

C. S. 루이스는 "고통은 죽어 있는 세계를 깨우는 하나님의 확성기다"라고 말했다. 다윗은 "고난 당한 것이 내게 유익이라. 이로 말미암아 내가 주의 율례들을 배우게 되었나이다"(시 119:71)라고 고백하였다. 다윗이 그렇게 믿음이 좋은, 절대 믿음을 갖게 된 것은 그에게 숱한 고난이 있었기 때문이다.

당신에게 고난이 있다고 낙심하거나 절망하지 마라. 고난이 당신을 망하게 하지 않는다. 고난은 하나님을 만나는 축복이다. 아무리 큰 고난이 있어도 절대로 포기하지 말고 끝까지 하나님을 찾으면 반드시 만나주신다.

영성신학자 R. A. 토레이 박사는 자신과 자신의 아내가 겪은 견딜 수 없는 슬픔을 자신의 저서에서 이렇게 얘기했다.

지금도 역력히 생각난다. 우리 내외에게는 아홉 살 난 아주 애교 많고 귀염성 있는 딸이 있었다. 어느 날 편도선염에서 디프테리아로 이어지는 의사의 진단을 받았지만, 딸의 상태는 곧 회복되는 것 같아서 우리는 매우 기뻐했다.

그런데 갑자기 엘리자벳의 영혼은 육체로부터 떠나가고 말았다. 보건소 직원들이 들어와서 어린아이의 시체를 곧 묻으라고 명령했다. 물론 장례하는 곳에는 아무도 따라가지 못하게 하였다. 어린 것의 오빠와 동생들까지도 함께 가지 못하고, 길 건너편에서 저들의 누이의 시체가 누워 있는 곳을 건너다볼 뿐이었다.

이튿날 아침 학생들을 가르치려고 성서학원으로 가는 길모퉁이에서, 나는 "오, 엘리자벳" 하고 목놓아 울었다. 바로 그때였다. 내 마음속에 깃들여 있던 그 샘물이, 내가 전에 경험해보지 못하던 큰 세력으로 터져 나왔다. 나는 이때 나의 일생에 처음 느끼는 가장 큰 기쁨을 느꼈다. 아, 성령의 기쁨이 얼마나 놀라운지!

우리의 외부적인 조건으로는 전혀 얻을 수 없고, 또 우리가 가장

모든 교인은 교회의 리더다

사랑하는 친구에게서도 얻을 수 없으며, 오직 우리의 마음속에 성령의 기쁨 샘이 있을 때만 이 샘은 솟고 또 솟아난다. 일 년 365일을 두고 어떤 경우에 처해 있든지, 끊임없이 영생토록 솟아나는 성령의 기쁨을 얻는다는 것은 참으로 말할 수 없이 영광스러운 일이다.

하나님은 우리의 고난까지도 낭비하지 않으시는 분이다.
당신의 인생에 나타난 고난을 고난으로 보내지 마라.
고난은 하나님을 만날 수 있는 강력한 도구이다.

계속 갈망함을 유지하라

한 번만 하나님을 만나는 것은 진짜 갈망함이 아니다. 우리는 평생 하나님을 갈망하며 살아야 한다. 한 번만 목이 마르고 그 후에 목이 마르지 않는다면 그 사람은 결국 나중에 물을 먹지 않아서 큰 병을 얻게 될 것이다. 평생을 살면서 계속 목이 말라야 한다.

한 번 결혼하였다고 결혼식 이후 아내를 만나지도 대화하지도 않는다면 그 사랑을 가짜다. 한 번 하나님을 만났다고 지금 계속 그 하나님을 만날 마음이 없다면 내 신앙은 자신을 속이는 가짜 믿음이다. "하나님이여 사슴이 시냇물을 찾기에 갈급함 같이 내 영혼이 주를 찾기에 갈급하니이다"(시 42:1).

만약 평생 한 번만 배고픈 식욕이 생기고 그 후에 식욕이 없어졌다면 그 사람은 환자다. 끼니때마다 배가 고파야 건강한 사람이다. 평생 한 번만 하나님을 만나는 갈망이 있으면 안 된다. 매일 하나님을 만나고자 하는 갈망이 유지되어야 한다. 다윗은 평생 하나님을 모시고 살았다. "내가 여호와를 항상 내 앞에 모심이여 그가 나의 오른쪽에 계시므로 내가 흔들리지 아니하리로다"(시 16:8).

신약성경에서는 하나님을 향한
이 갈망함을 성령 충만으로 표현한다.
우리는 한 번만 성령 충만하면 안 된다.

성령 충만은 사도행전 2장에만 있는 것이 아니다. 사도행전 4장에도, 10장에도, 19장에도 계속하여 성령 충만은 연거푸 있었다. 베드로는 사도행전 11장 15절에서 백부장 고넬료의 집에 성령이 부어졌을 때 처음 우리에게 내리신 그 성령이 또 내렸다고 분명하게 기록하고 있다. "내가 말을 시작할 때에 성령이 그들에게 임하시기를 처음 우리에게 하신 것과 같이 하는지라." 여기서 처음 우리에게 하신 것은 사도행전 2장에 오순절 날 성령이 내리신 일을 말한다. 그 사도행전 2장에 내리신 성령이 사도행전 10장에 로마의 백부장인 고넬료의 집에서 베드로가 설교할 때 내리신 것이다.

우리는 날마다 성령 충만해야 한다. 토레이 박사는 "아침마다 성령으로 샤워를 한다"라고 말했다. 나의 충만으로 인생을 살지 말고, 세상 충만으로 인생을 살지 말고, 성령으로 충만해야 한다. 하나님은 우리에게 말씀하신다. "나의 충만함 없이도 만족한 인생을 살아가는 너는 어찌 된 일이냐? 나를 가까이할 수 있는데도 그렇게 먼 거리를 두고 사는 이유가 무엇이냐?" 하나님을 가까이하라. 그러면 하나님도 당신을 가까이하실 것이다.

과학자이자 전 명지대학교 총장이었던 정근모 박사는 서울대학교를 나와 24세에 미국 플로리다대학의 최연소 교수가 된 수제였다. 그는 교육부 장관을 두 번이나 하였고, 한국 최고의 원자력 권위자다. 인간적으로 볼 때 그는 우수한 지성인으로 하나님을 믿을 이유가 전혀 없었다.

그런데 그가 30대 후반에 열세 살짜리 아들이 신부전증으로 죽음 직전까지 가게 되었다. 의사는 콩팥 이식수술 외에는 방법이 없다고 해서 자신의 콩팥을 아들에게 주었다. 그러나 수술 부작용으로 아들은 죽어갔다. 노란색이던 아들의 얼굴이 새까맣게 변했고, 의사는 현대의학으로 할 수 있는 일이 없다고 말했다. 그렇게 아들이 죽어가고 있었다.

그가 아들의 죽음 앞에 아무것도 할 수 없는 무능한 아버지임을 알고, 지푸라기라도 잡는 심정으로 그동안 믿지 않았던 하나님 앞에 엎드렸다. 부부가 함께 기도하고 있는데 가끔 형식적으로 나갔던 교회에서 연락이 왔다. 교회 집회에 참석하라는 통보였다. 아내는 이제 방법이 없다며 교회에 가서 기도하자고 했다. 교회에 가서 목 놓아 울었다. 아들의 생명을 연장시켜 달라고.

집회 후 병원에서 아들의 수치가 정상적으로 회복되고 있다는 연락을 받았다. 기적이 일어난 것이다. 아들의 새까만 얼굴이 점점 정상적으로 돌아왔다. 그 후 평생 주일예배는 물론이고, 수요예배, 금요예배에 빠지지 않고 다 참석하며 늘 주님 앞에 겸손히 엎드리는 자가 되었다고 한다.

당신의 인생에 하나님 외에 도울 수 없는 문제가 있는가? 지금 불가능한 일을 눈앞에 두고 있는가? 지금 그분 앞에 엎드려 부르짖으라. 하나님은 우리가 부르짖으면 응답하겠다고 약속하셨다. "너는 내게 부르짖으라. 내가 네게 응답하겠고 네가 알지 못하는 크고 은밀한 일을 네게 보이리라"(렘 33:3).

너무 오래된 질병이라 포기하는가? 영적 무기력에 빠졌는가? 돈 문제로 감옥에 간힌 것 같은 삶을 사는가? 가정생활에 기쁨이 사라진 지 오래인가? 해결할 수 없는 인간관계의 문제에 갇혔는가? 인생의 해답은 사람의 방법에 있는 게 아니다. 하나님의 상에서 떨어지는 한 조각 부스러기 은혜에 해답이 있다. 하나님에게 모든 것이 있다. 하나님을 만나면 모든 절망이 사라지고 희망이 넘친다. 지금 하나님을 만나라. 하나님이 주시는 부스러기 은혜라도 구하라.

"그러나 내가 너희에게 실상을 말하노니 내가 떠나가는 것이 너희에게 유익이라. 내가 떠나가지 아니하면 보혜사가 너희에게로 오시지 아니할 것이요. 가면 내가 그를 너희에게로 보내리니"(요 16:7).

영국을 가보면 가는 곳마다 교회가 있다. 차를 타고 5분만 가도 교회가 보인다. 그 교회들은 돌로 만들어진 아주 웅장한 오래된 건축들이다. 적어도 천 년은 된 것처럼 보인다. 영국에서 교회는 바로 역사 그 자체였다. 친구 목사가 그런 역사적인 교회들이 지금은 대부분 술집이거나 모슬렘 사원이나 힌두교 사원이 되었다고 말했다. 나는 친구의 말을 믿을 수가 없었다. 그래서 직접 확인해 보고자 교회 가까이에 가보니 정말 교회들이 술집이 되어 있었고, 모슬렘 사원이나 힌두교 사원으로 바뀌어 있었다. 큰 충격이었다.

영국이 어떤 나라인가? 온 세계에 선교사를 파송하고, 한국에도 선교사를 파송한 나라다. 한국 최초의 순교자였던 토마스 선교사가 바로 영국에서 파송한 분이다. 나는 토마스 선교사를 파송한 웨일즈 하노버교회를 가보았다. 웨일즈 시골에 조그만 교회였다. 교회 문이 잠겨 있어서 교회관리인에게 연락해야만 들어갈 수 있었다. 어렵게 들어가 보니 50여 명이 앉을 수 있는 의자들만 있었다. 지금은 거의 예배를 드리지 않고, 그냥 기념교회로 있을 뿐이라고 말했다. 참으로 슬픈 일이었다.

영국이 기독교 국가로 알려졌지만 현재 영국 국민 중에 정말로 예수님을 믿는 사람은 1%도 안 된다고 한다. 왜 영국교회가 숙어가고 있는가? 영국교회는 교회에 가장 중요한 성령을 버렸다. 그들은 교회의 본질인 성령 대신 자선을 선택했다. 지금 영국교회들은 법적으로 자선단체(Charities)에 속해 있다. 자선하지 말라는 뜻이 아니다. 그러나 교회는 자선단체가 아니다. 자선은 불교도, 천주교도, 다른 종교들도 다 한다.

오늘날 한국교회도 성령을 버리고 자선으로 확 치우치고 있다. 이건 정말 위험한 일이다. 교회의 본질은 예수님의 피와 성령의 불이다. 이 두 가지가 사라지면 교회의 미래는 없다. 지금 유럽의 대부분 교회가 거의 다 무너졌다.

미국도 마찬가지다. 미국도 차를 타고 5분만 가면 교회가 있다. 그런데 지금 대형 교회들을 제외한 대부분 시골 교회들은 텅 비어 있다. 그 빈 교회들을 한국 교포교회가 사거나 빌려서 예배를 드리고 있다. 왜 미국교회들이 무너져가고 있는가? 마찬가지다. 성령을 버렸기 때문이다. 미국교회의 강단마다 리더십과 성공을 강조하였다. 그래서 교회가 무너져가는 것이다. 한국교회도 마찬가지다. 성령을 모르는 교회는 무너지게 된다.

내가 어릴 때는 교회마다 예수님의 보혈과 성령을 외쳤다. 그런데 지금은 고상한 교회가 되고 말았다. 이것은 정말 위험하다. 한국교회가 부흥하려면 다시 성령 충만한 교회가 되어야 한다. 한국교회가 젊은이와 아이들이 가득한 교회가 되려면 미래세대 아이들이 성령을 직접 체험해야 한다.

나는 초등학교 5학년 때 성령을 체험하고 평생 신앙을 유지하고 있다. 우리 자녀들이 부모를 따라 교회를 다니고 교회문화를 아는 게 중요한 것이 아니라 그들이 성령 하나님을 체험하는 일이 우선이다. 지금 살아계신 하나님을 체험해야 한다. 성경 속에 갇힌 하나님이 아니라 지금 살아계신 하나님을 만나야 한다. 지금 살아계신 하나님을 만나려면 성령 하나님을 체험해야 한다.

교회는 오래 다녔는데 아무런 기쁨이 없고, 늘 염려, 근심, 걱정이 가득한 사람이나, 교회에서 중직이나 교사를 맡고 있는데 열정이 없는 사람들에게는 이번 장의 말씀이 아주 중요하다. 그런 사람들은 특별히 죄를 범하거나 문제가 있는 것은 아닌데 하나님과 친밀감이 없는 것이 문제다. 매일 하나님과 친밀감을 누린다면 하루하루 사는 게 신이 나고 열정이 넘쳐난다. 우리가 정말 온 우주를 창조하신 하나님과 친밀해진다면 염려와 근심과 걱정이 싹 날아가고, 기쁨과 감사와 찬양이 마음 깊은 곳에서부터 터져 나올 것이다.

그렇다면 어떻게 하면 하나님과 친밀감을 누릴 수 있을까? 구약시대에는 성부 하나님이 말씀하셨다. 하나님께서 하신 말씀이 성경에 다 기록되어 있다. 구약에 나오는 사사나 선지자나 영적 거장들은 모두 하나님의 말씀을 듣고 산 자들이다. 그들은 직접 하나님의 말씀을 들으면서 하나님과 친밀감을 누렸다.

신약시대에는 성자 하나님께서 말씀하셨다. 신약성경은 사복음서로 시작된다. 사복음서는 모두 성자 하나님이신 예수님의 말씀이다. 제자들은 예수님의 말씀을 직접 들으면서 예수님과 친밀감을 누렸다. 제자들은 예수님과 함께 있을 때 아무런 염려, 근심, 걱정이 없었다. 먹을 것이 부족할 때면 예수님께서 오병이어로 오천 명도 먹이셨다. 병든 자들이 다가오면 예수님께서 병든 자를 치유해주셨다.

예수님과 함께 배를 타고 가다가 큰 풍랑을 만났을 때 예수님께서 "잠잠하라"고 말씀하시자 풍랑이 잠잠해졌다. 심지어 죽은 사람도 예수님을 만나면 살아났다. 예수님 곁에 있으면 어떤 문제도 다 해결되었다. 제자들은 예수님 곁에 있는 그 자체가 행복이었다. 제자들은 예수님 곁에 있으면서 예수님과 함께 친밀감을 누렸다.

그런데 그 예수님이 최후의 만찬을 하시면서 제자들을 곧 떠나간다고 말씀하셨다. 제자들은 얼마나 놀랐는지 모른다. 최후의 만찬 자리에서 예수님이 하신 모든 말씀은 제자들의 마음에 깊이 남았다. 그날 밤 이후 예수님은 체포되어 십자가에 돌아가셨다.

예수님은 제자들과 함께 마지막 최후의 만찬을 하시면서 무슨 말씀을 하셨는가? 이제 하루 후면 십자가에 죽게 될 예수님께서 제자들에 무슨 말씀을 하셨을까? 예수님은 이제 자신이 죽은 이후에 제자들이 하나님과 친밀감을 누리며 사는 방법을 가르쳐주셨다. 죽음을 앞두고 주님의 입에서 나온 위로와 교훈의 말씀을 사도 요한이 요한복음 13~16장에 생생히 기록하고 있다. 그러면 예수님께서 유언처럼 하신 말씀이 무엇인지 살펴보자.

요한복음 13장은 제자들과 최후의 만찬을 하시고, 제자들의 발을 씻기시고, 제자 중 한 사람이 예수님을 팔 것을 말씀하시고, 베드로가 예수님을 부인할 것을 예언하셨다.

요한복음 14장에서 예수님은 자신이 제자들을 떠나지만 그 대신 보혜사 성령을 보내주겠다고 말씀하셨다. "내가 아버지께 구하겠으니 그가 또 다른 보혜사를 너희에게 주사 영원토록 너희와 함께 있게 하리니"(요 14:16).

제자들은 예수님이 제자들을 떠나시고 보혜사 성령을 보내주신다고 말씀하실 때 그 말씀이 무슨 말씀인지 어리둥절하였다. 제자들은 예수님이 떠나가신다는 말씀에 충격을 받았다. 그냥 어디 다른 장소를 가시는 것이 아니라 하나님 아버지께로 가신다고 하셨다. 그 것은 죽음을 의미하는 것이었다. 제자들은 예수님이 제자들을 떠나 신다는 말씀에 고아와 같은 텅 빈 심정이 되었다.

그때 예수님이 제자들에게 고아가 되지 않는 방법을 말씀해주셨 다. 예수님이 제자들에게 주신 해답은 바로 성령이셨다. "그는(성령) 너희와 함께 거하심이요. 또 너희 속에 계시겠음이라. 내가 너희를 고아와 같이 버려두지 아니하고 너희에게로 오리라"(요 14:17-18). 제자들은 예수님이 "내가 너희를 고아와 같이 버려두지 아니하고" 라는 말씀을 하실 때 정말 자신들이 고아가 된 듯한 심정이 되어 울 컥하였다.

제자들은 예수님과 함께 3년이 넘도록 붙어살았다. 그들은 잠에 서 깨면 예수님이 곁에 있었고, 아침식사를 할 때면 언제나 같이 식 사를 하셨으며, 어디를 가나 늘 예수님과 함께 다녔다. 그렇게 가깝 게 지냈던 예수님이 죽으신다니 가슴이 철렁하였다. 그런데 예수님 이 말씀하시는 성령은 제자들과 함께 있는 정도가 아니라 제자들 마 음속에 계실 것이라고 하셨다. "그는(성령) 너희와 함께 거하심이요. 또 너희 속에 계시겠음이라"(요 14:17). 제자들은 예수님이 그들 곁 에 계셨지 그들 속에 계신 것은 아니었다. 그런데 이제 예수님이 하 나님께 가시고 대신 성령을 보내주셔서 제자들 속에 계실 것이라고 말씀하셨다.

모든 교인은 교회의 리더다

예수님은 제자들에게 자신은 천국에 가지만 성령께서 이제 모든 것을 가르쳐주실 것이라고 말씀하셨다. "보혜사 곧 아버지께서 내 이름으로 보내실 성령 그가 너희에게 모든 것을 가르치고 내가 너희에게 말한 모든 것을 생각나게 하리라"(요 14:26). 제자들은 이제 예수님이 가시면 누가 자신들을 가르치고 인도할 것인가 염려되었다. 예수님은 제자들의 마음을 아시고 성령께서 이제 모든 것을 가르치고 인도해주실 것이라고 말씀하셨다.

\# 요한복음 15장에서는 포도나무와 가지의 비유를 말씀하시면서 농부와 포도나무와의 친밀한 관계를 말씀하셨다. 포도나무는 농부 없이는 존재할 수 없다. 그 농부가 하나님이시고 포도나무가 예수님이심을 말씀하셨다. 그리고 포도나무와 가지의 친밀감을 말씀하셨다. 포도나무의 가지는 포도나무에 붙어 있을 때 존재할 수 있고 열매인 포도도 맺을 수 있다. 가지는 나무에서 떨어지는 순간 말라 죽게 된다. 포도나무 가지는 포도나무와 1m 떨어지나, 0.1mm 떨어지나 말라죽기는 마찬가지다.

교회 안에는 교회는 나오는데 예수님과 친밀감을 누리지 못하는, 예수님과 떨어진 사람들이 너무나 많다. 그런 사람들을 '크리스천 무신론자'라고 말한다. 그 사람들은 분명 교회에는 와 있지만 아무런 열매가 없고, 삶의 기쁨도 행복도 없는 사람들이다. 그 사람들은 예수님에게서 아무런 영양분도, 아무런 영적 공급을 받지 못하는 사람들이다. 진짜 크리스천은 포도나무이신 예수님 곁에 바짝 붙어서 깊은 친밀감을 누리며 살아야 한다.

요한복음 15장에서는 예수님과 우리의 친밀감의 중요성을 말씀하시고, 다시 보혜사 성령님은 예수님과 다른 분이 아니라 예수님을 증거하실 분이라는 사실을 말씀하셨다.

"내가 아버지께로부터 너희에게 보낼 보혜사 곧 아버지께로부터 나오시는 진리의 성령이 오실 때에 그가 나를 증언하실 것이요" (요 15:26).

요한복음 16장에서는 예수님이 떠나가시고 보혜사 성령님이 오시는 것이 제자들에게 더 유익하다고 말씀하셨다. "그러나 내가 너희에게 실상을 말하노니 내가 떠나가는 것이 너희에게 유익이라. 내가 떠나가지 아니하면 보혜사가 너희에게로 오시지 아니할 것이요 가면 내가 그를 너희에게로 보내리니"(요 16:7).

예수님께서 제자들에게 이런 말씀을 하셨을 때 제자들은 무슨 생각이 들었을까? "예수님, 무슨 말씀입니까? 예수님이 우리와 함께 계시는 것이 낫습니다. 어찌 떠나가시는 것이 낫다고 하십니까?" 라고 질문을 하고 싶었을 것이다.

그렇다면 예수님은 왜 이런 말씀을 하셨을까?
예수님이 육체로 계시면 시간과 공간에 제한을 받는다. 예수님

모든 교인은 교회의 리더다

을 만나려면 한 번에 한 사람밖에 만날 수가 없다. 만약 예수님이 아직도 육체를 입고 이스라엘에 계시면 우리는 평생 한 번도 예수님을 만나기 어려울 것이다. 전 세계 기독교인 22억 명이 모두 이스라엘에 가서 대기표를 받아서 예수님을 한 번 만나려면 평생이 걸릴 것이다. 아마 평생 순번을 기다려도 만나지 못할 것이다. 그래서 예수님은 시간과 공간의 제한을 받지 않으시는 예수님의 영이신 성령님을 보내주시는 것이 더 유익하다고 말씀하시는 것이다. 그 성령님은 우리 곁에 계시는 것이 아니라 우리 안에 들어와 계신다. 이것은 놀라운 계획이며 놀라운 일이다.

예수님은 계속 성령에 대해 말씀해주신다. "그러나 진리의 성령이 오시면 그가 너희를 모든 진리 가운데로 인도하시리니 그가 스스로 말하지 않고 오직 들은 것을 말하며 장래 일을 너희에게 알리시리라"(요 16:13). 성령님은 우리를 진리 가운데로 인도하신다. 성령님은 혼자 말씀하시지 않고 오직 하나님에게서 들은 말씀을 말씀해주신다. 성령님은 장래 일을 말씀해주신다. 얼마나 좋은가? 우리는 5분 후의 일을 모른다. 그러나 우리가 성령님을 의지하고 성령님께 도움을 구하면 우리의 장래 일을 말씀해주신다.

제자들은 이런 성령님을 소개할 때 실감이 나지 않았다. 나중에 베드로는 성령 충만하자, 아나니아와 삽비라가 땅을 팔고 와서 이 돈이 전부라고 속일 때 즉시 아나니아가 거짓말하는 것을 알았다. 어떻게 알았을까? 성령께서 알려주신 것이다. 사도 바울이 제1, 2, 3

차 전도여행을 마칠 무렵에 곳곳에서 기도하는 사람들이 바울에게 예루살렘에 가면 체포되어 죽게 될 것이라고 하며 예루살렘에 가지 못하도록 만류하였다. 그러나 바울은 그것을 알고도 예루살렘으로 떠났다. 바울은 정말 예루살렘에서 체포되어 로마로 이송되고, 결국 순교하였다. 누가 바울이 예루살렘에 가면 체포될 것을 미리 알게 하셨는가? 바로 성령님이시다. 성령님은 우리에게 장래 일을 알게 하셔서 미리 준비하게 하신다.

요한복은 17장에서는 예수님께서 겟세마네 동산에 가서 제자들을 위해 마지막 중보기도를 하시고, 요한복음 18장에서 체포되신다. 요한복음 19장에서는 십자가에 죽으시고, 요한복음 20장에서 부활하신다. 요한복음 21장에서는 베드로를 회복시키고 사명을 주심으로서 메시아로서의 사명은 끝이 난다.

요한복음 14~16장의 예수님의 마지막 말씀은 모두 성령에 관한 말씀이셨다. 예수님이 체포되기 전에 제자들에게 마지막으로 꼭 하고 싶으셨던 유언과 같은 말씀은 성령이셨다. 예수님은 제자들에게 자신과 함께 있을 때의 그 친밀감을 계속 유지하는 방법이 바로 성령 충만이라는 사실을 가르쳐주신 것이다.

예수님은 성령에 대한 말씀을 요한복음 14~16장까지 길게 말씀하시고 십자가에 달려 돌아가셨다. 그리고 3일 후에 부활하셔서 제자들에게 40일 동안 나타나셨다. 그 후 하늘로 올라가셨다. 요한복음을 쓴 요한은 예수님의 십자가의 죽음과 부활은 그냥 한 장씩 할

애하지만 성령에 대해서는 3장에 걸쳐 길게 설명하고 있다. 이것은 그만큼 성령의 중요성을 강조하고 있는 것이다.

우리 주 예수님이 하늘로 승천하시기 전에 제자들에게 마지막으로 남기신 말씀은 또 성령에 관한 말씀이셨다. "사도와 함께 모이사 그들에게 분부하여 이르시되 예루살렘을 떠나지 말고 내게서 들은 바 아버지께서 약속하신 것을 기다리라. 요한은 물로 세례를 베풀었으나 너희는 몇 날이 못되어 성령으로 세례를 받으리라 하셨느니라" (행 1:4-5). 예수님은 제자들에게 죽으시기 직전에 성령의 중요성을 말씀하셨고, 이제 부활하셔서 승천하기 직전에 또다시 성령에 대해 말씀하시면서 성령으로 세례를 받으라고 말씀하신다. 이것은 우리에게 성령이 얼마나 중요한지를 거듭 말씀하시는 것이다.

그러나 제자들은 성령의 중요성을 잘 알지 못했다. 그래서 예수님은 다시 성령의 중요성을 말씀하셨다. "오직 성령이 너희에게 임하시면 너희가 권능을 받고 예루살렘과 온 유대와 사마리아와 땅끝까지 이르러 내 증인이 되리라 하시니라"(행 1:8). 예수님은 예수님의 증인이 될 수 있는 비결은 바로 성령이 임하시는 것이라고 말씀하셨다. 예수님의 몸이 하늘로 떠나시면서 이 땅에 남기신 대안은 바로 성령이셨다. 그리고 예수님은 제자들을 떠나 하늘로 승천하셨다.

제자들은 예수님이 떠나가신 후 예수님의 말씀에 순종하여 예루살렘을 떠나지 않고 10일 동안 간절히 성령을 구하는 기도를 하다가 성령으로 충만하게 되었다. 그 후 그들의 삶은 완전히 달라졌다. 제자들은 부활하신 예수님을 만났지만 여전히 불안해하였고, 예수님이 하늘로 승천하신 후 허탈과 공허와 두려움이 가득하였다.

그러나 그들이 마가의 다락방에 모여 10일 동안 간절히 기도한 후 성령이 부어지자, 그들은 완전히 다른 사람이 되었다. 그들이 성령 충만하게 되자, 말이 달라지고 기쁨이 넘쳤으며, 가는 곳마다 병든 자들을 낫게 하였고, 예수님을 담대히 전하는 전도자가 되었다(성령에 대한 더 자세한 글은 저자가 쓴 책 「예수가 나의 주인이시다」를 참고하기 바란다).

우리는 교회의 조직을 세우기 전에, 위원회를 만들기 전에 먼저 내가 성령 충만해지는 것이 중요하다. 당신이 교회를 다니고 예수님은 아는데 성령님을 모른다면 정말 안타까운 일이다. 예수님이 그토록 중요하게 여기시는 성령님을 모른다는 것은 정말 예수님의 마음을 모르는 사람이다. 그렇기에 우리는 구약성경 속에 갇혀 있는 하나님만 믿어서는 안 된다. 신약성경 속에 갇혀 있는 예수님만 믿어서도 안 된다. 지금 우리 안에 살아 역사하시는 성령님을 만나야 한다.

내가 미국에서 안식년을 보내고 있을 때 후배 목사가 찾아왔다. 자신은 최근에 한 교회에서 담임목사로 청빙을 받아 가게 되었는데, 목회에 좋은 자료나 조언을 부탁했다. 나는 그 후배 목사에게 교회를 시작하는 데 가장 중요한 것은 성령님이라고 소개하면서, 성령을 받기 전에는 그 무엇도 할 수 없음을 말하고, 기도원에 가서 일주일

금식할 것을 권면했다. 후배 목사 부부는 곧바로 기도원에 갔고, 일주일 후 내게 참으로 고맙다는 감사인사를 했다.

교회는 세상의 조직과 다르다. 교회는 성령 충만한 사람이 리더가 되어야 한다. 만약 성령 충만하지 않은 자가 교회의 리더가 된다면 언제나 인간의 이성에만 갇혀서 교회의 모든 사역에 걸림돌이 될 것이다. 교회의 일은 인간의 이성을 뛰어넘는 초자연적인 일들이 가득하다. 우리 하나님은 초자연적인 분이시기 때문이다.

신약성경은 예수님이 승천하신 후 모든 문제의 답을 성령으로 말씀하고 있다. 사복음서 다음에 나오는 사도행전은 성령행전이라고도 한다. 사도행전은 모두 성령께서 행하신 일들의 기록이다. 사도들이 성령 충만하자 40년 된 앉은뱅이를 일어나게 하고, 죽은 도르가를 살려내고, 감옥에 가도 감옥문이 열리는 수많은 기적이 일어났다. 만약 제자들에게 성령이 부어지지 않았다면 그들은 사도행전에 나오는 교회들을 개척하고 든든히 세우는 제자들이 되지 못했을 것이다.

로마서에서는 사도 바울이 예수를 믿은 후에도 선하게 살려고 하나 자신이 원하는 선은 행하지 못하고 원하지 않는 악을 행한다고, "오호라, 이 사망의 몸에서 누가 나를 건져내랴" 하고 탄식하였다. 그 문제에 대한 답이 무엇인가? "이는 그리스도 예수 안에 있는 생명의 성령의 법이 죄와 사망의 법에서 너를 해방하였음이라"(롬 8:2).

예수님을 믿어도 여전히 죄를 짓는 사람들이 대부분이다. 예수님을 믿어도 못된 성격을 고치지 못하는 사람들이 대부분이다. 그 문제를 어떻게 해결해야 하는가? 바로 생명의 성령이 나를 지배할 때 가능하다. 성령께서 나의 법이 되어야 한다. 중력의 법칙이 우리의 모든 삶을 지배하듯 성령님이 내 모든 삶에 법이 될 때 죄로부터 해방될 수 있다. 죽음과 두려움으로부터 해방될 수 있다.

왜 교회의 교인수가 자꾸 줄어드는가? 예수를 믿는다고 말은 하지만 내 안에 내가 가득하고 생명력이 넘치는 성령님이 역사하지 않기 때문이다. 우리 주위에 그리스도인이라고 하면서도 삶에 아무런 기쁨도 활력도 기적도 없이 염려만 가득한 사람이 많다. 그들에게 물어보라. 왜 그렇게 삶에 기쁨과 능력이 없는지를. 그들의 대답은 예수님을 믿어도 뭐 믿기 전이나 별 차이가 없기 때문이라고 말한다. 이것은 무엇인가 크게 잘못된 것이다.

로마서의 마지막 말씀이 무엇인가? 로마서 15장 13절이다. 형식적으로는 로마서 16장 21절이지만 내용상으로는 15장 13절이 마지막 절이다. "소망의 하나님이 모든 기쁨과 평강을 믿음 안에서 너희에게 충만하게 하사 성령의 능력으로 소망이 넘치게 하시기를 원하노라." 우리에게 기쁨이 넘치게 하고 소망이 넘치게 하는 것은 성령의 능력이다. 교회를 오래 다녀도 성령을 모르면 하나님과 친밀감을 누릴 수 없다. 성령님과 멀리 지낸다는 것은 그리스도인의 비극이다.

고린도전서를 보자. 바울은 사도행전에서 전도여행을 할 때 철학의 도시 아덴에 가서 자신의 뛰어난 학문으로 그들을 설득하려고

모든 교인은 교회의 리더다

하였지만 한 명도 전도하지 못했다. 그 후 그는 다시는 자신의 지혜나 말로 전도하지 않겠다고 고백한다. "내 말과 내 전도함이 설득력 있는 지혜의 말로 하지 아니하고 다만 성령의 나타나심과 능력으로 하여"(고전 2:4).

그러면서 사도 바울은 우리를 향한 하나님의 모든 계획을 성령으로 알 수 있다고 말한다.

"기록된 바 하나님이 자기를 사랑하는 자들을 위하여 예비하신 모든 것은 눈으로 보지 못하고 귀로 듣지 못하고 사람의 마음으로 생각하지도 못하였다 함과 같으니라. 오직 하나님이 성령으로 이것을 우리에게 보이셨으니 성령은 모든 것 곧 하나님의 깊은 것까지도 통달하시느니라"(고전 2:9-10).

예수님을 믿는 자들의 미래는 눈으로 보지 못하고 귀로도 알지 못하며 생각으로도 상상하지 못한 놀라운 일들이 기다리고 있다. 그런데 그것을 어떻게 아는가? 성령으로 안다. 당신이 성령의 사람이 되지 않으면 그 놀라운 미래가 열리지도 않고 알 수도 없다. 만약 베드로가 성령 충만하지 않았다면 40년 된 앉은뱅이를 일으키는 놀라운 하나님의 계획을 펼칠 수 있었을까? 만약 베드로가 성령 충만하지 않았다면 하루에 3천 명, 5천 명을 주께로 돌아오게 하려는 하나님의 계획을 이룰 수 있었을까? 불가능하다.

우리를 향한 하나님의 계획엔 정말 놀라운 예비하심이 있다. 그런데 그것은 성령 충만하지 않고는 이룰 수 없다. 만약 당신이 성령 충만하지 않는다면 당신을 위해 준비해 놓은 하나님의 놀라운 역사를 보지 못하고 죽을 수도 있다. 그러므로 우리는 성령 충만해야 한다. 그리고 우리를 향한 성령의 일하심을 정확히 알 필요가 있다.

성령님은 보혜사로
우리를 도와주신다

"보혜사 곧 아버지께서 내 이름으로 보내실 성령 그가 너희에게 모든 것을 가르치고 내가 너희에게 말한 모든 것을 생각나게 하리라"(요 14:26). 보혜사란 '파라클레토스'라는 말인데, 여기서 '파라'는 바짝 곁에 있다는 뜻이고, '클레토스'는 변호한다는 뜻이다. 그래서 보혜사란 말은 '바로 내 곁에서 변호하고 위로하고 격려한다'는 뜻이다. 이 말이 법정에서는 '유리한 증언을 하기 위해 출정하는 친구'를 의미한다.

보혜사 성령님은 '나'라는 한 인물에 대해 늘 긍정적으로 생각하고 변호하며 도와주고 격려해주시는 분이다. 세상에 이런 사람이 있는가? '나'라는 인물에 대해서 언제나 긍정적으로 생각하고 변호하며 도와주시는 분이 있는가? 물론 엄마에게는 자녀를 향한 원천적인 모성애가 있어서 이런 보혜사 같은 성품이 있다. 보혜사 성령님은 걸음걸이를 하다 넘어진 어린아이를 번쩍 들어 안아주면서 다시 걸을 수 있다고 격려해주는 어미의 심정을 지닌 분이시다. 걸음걸이를 배우는 아들이 아무리 많이 넘어져도 엄마는 늘 다시 걸을 수 있다고 넘어진 아들을 일으켜 세워주고 격려하고 또 격려한다.

위대한 전도자 빌리 그레이엄 목사의 딸 엔 그레이엄 로츠가 다음과 같은 글을 썼다.

어느 모임에 갔는데 한 강사가 이렇게 질문했다.

"하나님은 여러분에게 무엇을 기대하신다고 생각합니까?"

그 강사는 잠깐 생각할 시간을 주더니 다시 물었다.

"여러분은 하나님께서 우리에게 갖는 기대치를 압니까?"

그러고 나서 그 강사는 자신이 던진 질문에 스스로 답을 달았다. 그것은 내가 결코 잊지 못할 명언이었다. 강사는 청중들을 잠잠하게 한 후에 이렇게 말했다.

"실패입니다!"

처음에 나는 그 답을 듣고 깜짝 놀랐다. 눈을 크게 뜨고 한동안 그를 바라볼 수밖에 없었다. 잠시 후 그는 같은 말을 반복했다.

"하나님이 당신에게 바라시는 것이 있다면 바로 실패입니다."

이어서 그는 미소를 띠며 자신 있는 어조로 말을 이어 나갔다.

"하지만 하나님은 성령을 보내사 여러분에게 더는 실패가 필요하지 않게 하십니다."

바로 그거였다.

우리가 실패하는 것은 자연스러운 일이다. 우리는 완벽한 자로 태어난 것이 아니라 연약하고 부족한 자로 태어났다. 우리가 실패할 때 도우시는 분이 계신다. 그분은 성령 하나님이시다. "이와 같이 성령도 우리의 연약함을 도우시나니"(롬 8:26). 실패자에게 최고의 소식은 연약함을 도우시는 성령 하나님이 계신다는 사실이다. 오늘날 그리스도인들은 이 성령님의 중요성을 잊어버렸다. 우리 주 예수님께서 이 세상을 떠나시면서 주신 대안이 성령님이라는 사실을 잊어서는 안 된다.

성령 하나님과 함께하면 예수님이 함께할 때 예수님께서 하신 모든 일이 일어난다. 성령 하나님과 함께하면 거친 풍랑도 잠잠하게 된다. 성령 하나님과 함께하면 아무리 오래된 질병도 치유된다. 성령 하나님과 함께하면 오병이어로 오천 명을 먹이게 된다. 성령 하나님과 함께하면 물이 변하여 포도주가 된다. 성령 하나님과 함께하면 눈먼 자가 눈을 뜨게 된다.

신앙생활에 하나님의 말씀은 아주 중요하다. 하나님의 말씀은 신앙의 기초이다. 그러나 말씀만으로는 안 된다. 하나님의 말씀은 마치 이정표와 같다. 우리가 부산에서 서울을 간다고 하자. 부산에서 서울로 가다가 이쪽으로 가면 서울이라는 이정표를 보고 서울에

다 온 것처럼 생각해서는 안 된다. 서울이라는 이정표를 보았다고 해서 서울에 온 것이 아니다. 서울은 서울이라는 이정표를 보고 계속 가야 서울이 나온다.

성경은 우리가 살아야 할 삶의 이정표이자 목표이다. 그 목표에 이르도록 도와주시는 분이 바로 성령이시다. 그 성령님과 함께할 때 삶의 풍성한 열매를 맺게 된다. 성경만 보고 있다고 풍성한 열매가 맺어지는 것은 아니다. 매 순간 성령 하나님의 도움을 받으며 살아야 풍성한 열매를 맺을 수 있다. 우리는 넘어지고 실수하고 깨어지는 연약한 존재이다. 그러나 우리를 도와주시는 성령 하나님이 계시기에 다시 일어날 수 있다.

우리에게 보혜사 성령이 계신다는 사실은 행운이다. 성령님은 내가 아무리 큰 죄를 범하고 또 똑같은 죄를 다시 범해도, 여전히 나를 버리지 않으시고 나를 긍정적으로 생각하며 나를 변호해주시고 나를 인도해주신다. 예수님은 이 보혜사 성령님이 내 곁에만 계신 분이 아니라 아예 내 안에 들어와 영원히 나와 함께하신다고 말씀하셨다.

"내가 아버지께 구하겠으니 그가 또 다른 보혜사를 너희에게 주사 영원토록 너희와 함께 있게 하리니 그는 진리의 영이라. 세상은 능히 그를 받지 못하나니 이는 그를 보지도 못하고 알지도 못함이라. 그러나 너희는 그를 아나니 그는 너희와 함께 거하심이요 또 너희 속에 계시겠음이라"(요 14:16-17).

당신이 아무리 큰 어려움에 빠져도, 아무리 큰 문제를 만났다고 해도 당신 안에는 보혜사 성령님이 계심을 잊지 마라. 당신에게는 방법이 없어도 당신 안에 계신 성령님에게는 방법이 있다. 당신에게는 길이 없어도 당신 안에 계신 성령님에게는 길이 있다. 그러므로 아무리 큰 문제를 만나도 절망하지 말고, 당신 안에 계신 성령님을 믿고 오히려 기대하며 살라.

성령님은 가르치고 인도해주신다

"보혜사 곧 아버지께서 내 이름으로 보내실 성령 그가 너희에게 모든 것을 가르치고 내가 너희에게 말한 모든 것을 생각나게 하리라"(요 14:26). 열두 제자에게 초대교회를 이끌 수 있도록 모든 것을 가르쳐주신 분은 보혜사 성령님이시다. 예수님이 십자가에 돌아가시고 부활하신 후 하늘로 승천하신 30년 후 즈음에 공간복음을 쓰게 하신 분도 보혜사 성령님이시다.

사도 요한에게 요한복음을 기록하게 하신 분은 보혜사 성령님이시다. 요한복음은 공간복음이 기록된 이후, 그리고 사도 요한이 밧모섬으로 귀향 가기 전에 기록한 것으로 본다. 그래서 많은 성경학자는 AD 85~90년, 즉 예수님이 돌아가신 뒤 약 50년 후쯤에 기록된 책으로 여긴다.

사도 요한은 마가의 다락방에서 예수님과 함께 최후의 만찬을 하면서 예수님께서 하신 말씀을 다 기억하였다. 어찌 50년 전에 말씀하신 것을 다 기억할 수 있는가? 그날 예수님께서 발을 씻어주셨다는 사건은 기억할 수 있겠지만, 그날 예수님이 하신 말씀을 어찌 다 기억하여 요한복음 14~16장 분량으로 기록할 수 있었겠는가? 또 요한복음 17장에 나오는 예수님의 겟세마네 중보기도를 어떻게 다 기억할 수 있었겠는가? 이것은 요한이 머리가 좋아서 기록한 것이 아니라 성령께서 다 생각나게 하고 가르쳐주셨기에 가능한 일이었다.

사도 바울도 전도여행을 가다가 아시아에 복음을 전하려고 하다 "와서 우리를 도우라"는 환상을 보고 유럽으로 갔다. 그는 성령의 가르침에 따라 움직였다. 바울은 성령님의 음성을 듣고 성경 13권을 기록할 수 있었다. 바울이 성경 13권을 쓴 것도 보혜사 성령께서 가르쳐주셨기 때문이다.

바울이 구약의 모든 말씀을 예수님의 피와 부활로 연결하여 구원을 완성시켜 로마서를 기록하게 한 것도 보혜사 성령께서 가르쳐주셔서 하신 일이다. 만약 성령께서 가르쳐주시지 않았다면, 우리가 어찌 성령님이 우리의 연약함을 도우시고 사망의 몸을 가진 우리를 죄와 사망에서 해방시키신다는 사실을 알 수 있겠는가? 바울이 말하는 모든 진리의 말씀은 성령께서 모두 가르쳐주신 것이다.

사도 바울 당시 유대인들은 이 성령을 몰랐다. 그래서 그들은 구약성경을 열심히 읽었지만 차디찬 종교인이 되어 사람을 죽이는 자가 되고 예수님도 죽이고 말았다. 그들과는 반대로 초대 교인들은 그 당시에 아직 신약성경이 없었지만 그들은 성령과 동행하여 하루에 3천 명, 5천 명을 주께로 돌아오게 하고 순식간에 팔레스타인 땅을 복음화시키는 놀라운 삶을 살았다.

사도 요한이 요한계시록을 기록할 수 있었던 것은 보혜사 성령께서 가르쳐주셨기 때문이다. 만약 보혜사 성령님이 오시지 않았다면 요한계시록은 기록되지 않았을 것이다. 세상에서 가장 위대한 예언서는 요한계시록이다. 전 세계의 미래는 요한계시록에 기록된 대로 가고 있다. 누가 인류의 미래를 말할 수 있겠는가? 누가 예수님이 다시 오실 때 일어나는 일을 말할 수 있겠는가? 만약 요한계시록이 없었다면 어떻게 복음이 수많은 순교자가 있음에도 불구하고 계속 전 세계에 퍼질 수 있었겠는가?

우리는 요한계시록을 통해 예수님이 다시 오신다는 사실을 분명하게 안다. 계시록이 있기에 우리는 주를 위해 순교하는 것도 겁내지 않는다. 계시록이 있기에 우리는 죽음도 두려워하지 않는다. 계시록이 있기에 우리는 이 땅만을 위해 살지 않는다. 계시록이 있기에 우리는 영원한 상급을 위해 오늘을 산다. 나는 매주 설교를 준비하다가 설교가 막히면 성령 하나님께 기도한다. 가르쳐달라고 도움을 구한다. 그러면 성령께서 지혜를 주시고 깨달음을 주신다.

보혜사 성령님은 우리에게 모든 것을 가르쳐주신다고 하셨다.

모든 것이란 정말 우리 삶에 모든 것을 말씀한다. 성령님은 우리가 모르는 것을 알게 하신다. 성령님은 우리가 가야 할 길을 인도해주신다. 성령님은 무엇을 해야 하는지 알게 해주신다. 성령님은 자녀 양육을 어떻게 해야 하는지 알게 해주신다. 성령님은 어떤 결정을 해야 하는지 알게 해주신다. 성령님은 누구를 만나야 하는지 알게 해주신다. 성령님은 무슨 말을 해야 하는지 알게 해주신다. 성령님은 모든 것을 알게 해주신다. 그리고 예수님의 모든 말씀을 기억나게 해주신다.

몇 해 전에 우리 교회가 이전을 하게 되었다. 그래서 많은 재정이 필요한 상황이었다. 그때 갑자기 일어난 일들이다.

얼마 전, 갑자기 한 선교단체가 기억났다. 그 선교단체는 내가 4년 전에 집회하러 간 곳이었다. 그곳 회장님께 그냥 인사차 전화를 걸었다. 몇 마디 말을 나누다가 이번 달 정기모임에 와서 설교해달라고 해서 갑자기 그 선교단체에 가게 되었다.

설교 후, 그 모임에 참석했던 한 권사님으로부터 전화가 왔다. 만나자는 것이었다. 우리 교회로 그 권사님이 찾아오셔서 수요일 저녁예배 후 잠깐 만났다. 그분과 대화 후에 우리 교회 이전에 도움이 되었으면 좋겠다고 하시면서 천만 원을 주고 가셨다. 내가 왜 갑자기 그 선교단체가 기억나고, 그곳에 전화하게 되었는지 알게 되었다. 다 성령께서 하신 일이었다.

그 주에 고등학교 고향친구에게서 전화가 왔다. 갑자기 우리 교회가 떠올랐다고 하면서 교회 계좌를 알려달라고 했다. 그 친구와는 고등학교 이후 40년 동안 한 번도 만난 적이 없었다. 그런데 내게 전화를 해서 우리 교회로 헌금을 했다. 나중에 재정담당 장로님에게 여쭤보니 5백만 원을 입금했다고 했다. 왜 갑자기 이런 일이 일어나는가? 다 성령께서 가르쳐주시는 것이다.

우리에게는 세상 사람들이 모르는 보혜사 성령님이 계신다.
그분이 계시기에 내일이 두렵지 않다.
그분이 모든 것을 가르쳐주고 인도해주시기 때문이다.

성령님과 동행할 때 능력을 주신다

"오직 성령이 너희에게 임하시면 너희가 권능을 받고"(행 1:8).
베드로가 예수님의 설교만 들었을 때는 풍성한 삶을 살지 못하고 능력도 없었다. 그러나 그가 성령 충만하여 성령을 의지하고 살았을 때는 40년 된 앉은뱅이를 일으켰다. 베드로는 40년 된 앉은뱅이에게 "금과 은은 없지만 자신에게 있는 것으로 준다"라고 하며 일으켰다. 베드로에게는 성령이 있었고 생명이 있었다. 베드로는 성령님과 동행하자 죽은 자를 살려내고, 심지어 베드로의 그림자만 밟아도 병

모든 교인은 교회의 리더다

이 낳는 능력이 나타났다.

사도행전의 내용은 성령님과 동행하였던 베드로와 사도 바울의 기록이 대부분이다. 사도행전은 총 28장으로 성령님과 동행하면 능력 있는 삶을 산다는 사실을 말하고 있고, 사도행전 29장부터는 이제 우리가 성령님과 동행하여 기록해야 한다.

내가 미국 뉴저지의 어느 교회에서 집회할 때였다. 첫날 집회를 막 끝내고 기도하고 있는데 한 선생님이 두 자매를 데려왔다. 중학교 1학년과 3학년 여학생인데 계속 울고 있었다. 선생님은 그 자매에게 강아지가 있었는데 오늘 아침에 죽었다고 했다. 그래서 아무리 눈물을 멈추려고 해도 멈출 수가 없다고 했다.

미국 사람들은 강아지를 가족처럼 생각한다. 그 자매는 10년이 넘도록 한 가족으로 살았던 강아지가 죽자 큰 슬픔에 빠진 것이다. 내가 그 두 자매에게 기도를 해주면서 슬픔이 멈추고 기쁨이 넘치게 되라고 명하였다. 그랬더니 순식간에 웃는 것이었다. 그다음 날 그 집에 심방을 갔는데 어머님이 두 자매가 놀라운 하나님을 경험하였다고 행복해하였다.

우린 성령님과 동행하면서 성령을 경험하는 삶을 살아야 한다. 초대교회가 어떻게 그렇게 강력하게 성장하였는가? 성령의 강한 능력이 나타났기 때문이다. 매 순간 성령님과 동행하여 능력 있는 삶을 살기 바란다. 교회를 다닌다고 하지만 세상 충만, 욕심 충만하면 무능한 그리스도인이 된다. 그러나 내 욕심, 내 고집을 버리고 순간 순간 성령으로 내 마음을 채우면 성령께서 지혜를 주시고 능력을 주신다.

매일 성령으로 살면 성령으로 행하게 된다. "만일 우리가 성령으로 살면 또한 성령으로 행할지니"(갈 5:25). 우리가 성령과 동행하면 성령으로 행동하게 된다. 우리 인생의 열쇠는 내 지식, 내 지혜, 내 능력이 아니다. 성령과 동행하는 삶이 우리 인생의 답이다. 성령님은 매일 우리를 도우려고 하신다. 성령님은 매일 우리에게 지혜를 주려고 하신다. 성령님은 매일 우리에게 능력을 주려고 하신다. 우리는 그 성령님을 매일 환영하고 마음에 충만하게 해야 한다. 정상적인 그리스도인이라면 매일 죄에 무너지는 패잔병처럼 살아서는 안 된다. 성령님과 동행하는 그리스도의 강한 군사로 능력 있는 삶을 살아야 한다.

R. A. 토레이 박사는 2년 동안 불면증에 시달렸다. 밤마다 잠이 오지 않아 죽을 지경이었다. 시계 소리가 밤새도록 들렸다. 그러더니 어느 날 그냥 씻은 듯이 불면증이 사라졌다. 그런데 시카고에 와서 집회하는데 또다시 그 불면증이 나타났다. 속으로 이런 소리가 들렸다.

"야, 내가 다시 너를 괴롭히려고 왔다."

토레이 목사는 문득 성령 하나님께서 항상 내 곁에 계신다는 사실이 기억났다. 그래서 기도하기 시작했다.

"오, 은혜로우신 성령 하나님! 당신이 지금 여기에 계신 것을 믿습니다. 무엇이든지 말씀하시면 내가 듣겠나이다."

그때 성령 하나님은 토레이 목사에게 예수님께서 하신 여러 말씀을 기억나게 하여 평안이 임할 수 있게 하셨다. 그 후 토레이 목사는 남은 생을 불면증 없이 살았다고 한다.

우리에겐 가끔 외롭다, 두렵다는 생각이 몰려온다. 그런 생각을 하며 사는 것은 원래 우리의 모습이 아니다. 성령님은 언제나 우리와 함께하신다. 그렇기에 그 외로움의 자리에서, 그 두려움의 자리에서, 그 절망의 자리에서 일어나야 한다. 우리가 매 순간 성령님과 동행하면 상상할 수도 없는 위대한 일들이 펼쳐진다.

독수리가 새장 속에 갇혀 살 수 없듯이
성령님과 동행하는 사람은
자연의 법칙 속에 갇혀 살 수 없고
초자연적인 삶을 살며 기적적인 인생을 살아내게 된다.

성령님과 동행하여 한계를 뛰어넘는 위대한 인생을 살라. 기대하라. 우리에게 크고 놀라운 일을 행하실 성령님을 기대하라. 예수님께서 이 세상에 오심은 새로운 교훈이나 새로운 철학을 가르치시기 위함이 아니라 성령을 주시기 위해 오셨다.

오늘날 교회에 가장 중요한 회복은 성령 충만이다. 성령 충만이 회복되면 교회는 부흥의 불이 붙는다. 성령 충만하게 되면 발을 땅에 붙이고 살지만 매일 천국을 누리며 살게 된다. 만약 예수님의 영이신 성령이 우리 안에 살아계시지 않는다면 우리는 매일 장례식에 참석하는 자와 같을 것이다. 장례식에 참석한 자들은 죽은 자에 대해 추억한다. 고인이 죽은 날로부터 태어난 날로 거슬러 올라가 회상하면서 살아 있는 동안 있었던 일을 나눈다. 장례식장에 참석한 자들은 그 고인에 대한 아무런 흥분도 기대도 기쁨도 없다. 기독교는 죽은 자의 말이나 행동을 나누는 장례식 종교가 아니다. 성령 충만하여 장례식과 같은 죽은 신앙을 버리고 기쁨이 넘치는 신앙생활을 하라.

당신은 교회의 리더인가? 그렇다면 무엇보다도 당신이 먼저 성령 충만하라. 초대교회 리더들은 성령 충만하지 않은 자가 아무도 없었다. 초대교회 일곱 집사는 모두 성령 충만한 사람들이었다. 일곱 집사가 되는 조건이 성령 충만이었다. 예수님께서 이 땅을 떠나시면서 남긴 대안은 성령님이셨다.

혹시 당신이 교회의 리더인데 아직 성령으로 충만하지 않았는가? 고민할 필요 없다. 보혜사 성령을 구하면 누구에게나 부어주신다. "너희가 악할지라도 좋은 것을 자식에게 줄 줄 알거든 하물며 너희 하늘 아버지께서 구하는 자에게 성령을 주시지 않겠느냐 하시니라"(눅 11:13). 이 말씀은 예수님이 하신 말씀이다. 예수님은 거짓말을 하시는 분이 아니다. 지금 모든 것을 내려놓고 성령을 충만하게 해달라고 기도하라. 그러면 반드시 성령을 부어주실 것이다.

　우리에게 가장 필요한 것은 돈이나 실력이나 프로그램이 아니다. 성령 충만이다. 성령 충만하면 모든 것이 가능하게 된다. 성령 충만하면 성령께서 모든 것을 도와주신다. 성령 충만으로 상황을 뛰어넘는 최고의 리더가 되라. 하나님은 당신을 기대하고 계신다. 당신이 하나님의 가능성이다.

"남편들아 아내 사랑하기를 그리스도께서 교회를 사랑하시고 그 교회를 위하여 자신을 주심같이 하라"(엡 5:25).

"그들이 사도의 가르침을 받아 서로 교제하고 떡을 떼며 오로지 기도하기를 힘쓰니라. 사람마다 두려워하는데 사도들로 말미암아 기사와 표적이 많이 나타나니 믿는 사람이 다 함께 있어 모든 물건을 서로 통용하고 또 재산과 소유를 팔아 각 사람의 필요를 따라 나눠주며 날마다 마음을 같이하여 성전에 모이기를 힘쓰고 집에서 떡을 떼며 기쁨과 순전한 마음으로 음식을 먹고 하나님을 찬미하며 또 온 백성에게 칭송을 받으니 주께서 구원받는 사람을 날마다 더하게 하시니라"(행 2:42-47).

모든 교인은 교회의 리더다

예수님은 3년 반 동안 제자들과 함께 이 세상에서 놀라운 사역을 하셨다. 열두 제자는 예수님과 함께할 때 모든 것이 가능했다. 그런데 그 능력의 예수님께서 이제 제자들을 완전히 떠나 천국으로 가셔야 했다. 예수님은 제자들을 떠나면서 아무런 대안 없이 그냥 가시지 않았다. 예수님이 제자들을 떠나면서 이 땅에 남기신 대안은 두 가지였다. 첫째는 성령이시다. 성령은 예수님의 영이시다. 둘째로 교회이다. 교회는 예수님의 몸이시다.

예수님은 제자들에게 성령을 기다리며 기도하라고 할 때 예루살렘을 떠나지 말라고 하셨다. 제자들에게 예루살렘을 떠나지 말고 기도하라고 하실 때 그들은 어디에 모여 기도해야 하는지 알았다. 제자들이 늘 모이던 곳인 바로 마가의 다락방이었다. 이 다락방은 그냥 아무 다락방이 아니라 그들이 늘 모였던 그들만 아는 다락방이었다. 그래서 히브리 원어에는 다락방 앞에 '그'라는 정관사 'To'(영어의 The)가 붙어 있다. "들어가 그들이 유하는 다락방으로 올라가니 베드로, 요한, 야고보, 안드레와 빌립, 도마와 바돌로매, 마태와 및 알패오의 아들 야고보, 셀롯인 시몬, 야고보의 아들 유다가 다 거기 있어"(행 1:13).

이 다락방은 평소에 예수님과 제자들이 함께 늘 모였던 마가 요한의 어머니 마리아의 집이다. 예수님의 제자들을 포함한 120명의 성도가 이 다락방에 모여 간절히 기도했다. 그래서 예수님의 몸인 초대교회가 탄생하였다. 예수님은 베드로 한 명만을 남기신 것이 아니다. 예수님은 열두 제자만 남기신 것도 아니다. 예수님은 120명의 초대교회를 남기셨다. 예수님은 이 120명의 초대교회 교인들을 통해 세상을 변화시킬 계획을 갖고 계셨다. 초대교회를 남기신 것은 예수님의 계획이셨다.

예수님은 교회를 자신의 것이라고 말씀하셨다. "또 내가 네게 이르노니 너는 베드로라. 내가 이 반석 위에 내 교회를 세우리니 음부의 권세가 이기지 못하리라"(마 16:18). 예수님은 교회를 "내 교회"라고 말씀하시고 그 교회를 예수님께서 세우신다고 말씀하셨다. 또 사도행전 20장 28절에서는 초대교회가 예수님의 피로 탄생한 것이라고 말씀하셨다. "하나님이 자기 피로 사신 교회를 보살피게 하셨느니라"(행 20:28). 교회는 예수님이 십자가에 죽으심으로 탄생한 것이다.

성경은 교회가 '예수 그리스도의 몸'이라고 말씀한다. "교회는 그의 몸이니 만물 안에서 만물을 충만하게 하시는 이의 충만함이니라"(엡 1:23). "그가 어떤 사람은 사도로, 어떤 사람은 선지자로, 어떤 사람은 복음 전하는 자로, 어떤 사람은 목사와 교사로 삼으셨으니 이는 성도를 온전하게 하여 봉사의 일을 하게 하며 그리스도의 몸을 세우려 하심이라"(엡 4:11-12). "나는 이제 너희를 위하여 받는 괴로움을 기뻐하고 그리스도의 남은 고난을 그의 몸 된 교회를 위하여 내 육체에 채우노라"(골 1:24).

교회는 무엇인가? 한마디로 말하라면 예수님의 몸이다. 당신은 예수님을 사랑하는가? 그렇다면 예수님의 몸인 교회를 사랑해야 한다. 예수님은 그 교회를 사랑하셨다. "남편들아 아내 사랑하기를 그리스도께서 교회를 사랑하시고 그 교회를 위하여 자신을 주심같이 하라"(엡 5:25). 예수님은 좋은데 교회는 마음에 들지 않아 교회에 나가지 않는다는, 속칭 '가나안 교인'이라 말하는 사람들은 교회가 예수님의 몸인 것을 모르거나, 안다면 그것은 부인하는 사람들이다. 어찌 예수님을 사랑하면서 예수님의 몸 된 교회를 싫어할 수 있겠는가!

사울은 예수님을 만나기 전에 초대교회를 핍박하였다. 그가 예수 믿는 자들을 체포하려고 다메섹으로 갈 때 예수님이 나타나셨다. 사울이 깜짝 놀라 "뉘시옵니까?"라고 물었을 때, 예수님은 "네가 핍박하는 예수라"고 답하셨다. 여기서 사울은 초대교회를 핍박했지 예수님을 핍박한 적은 없었다. 그러나 예수님은 사울이 초대교회를 핍박한 것이 바로 예수님 자신을 핍박한 것이라고 말씀하셨다. 만약 교회를 핍박하는 자가 있다면 그는 예수님의 몸을 핍박하는 것이다. 그리스도인은 예수님의 몸인 교회를 귀히 여겨야 한다.

예수님의 몸에는 신비한 것이 감추어져 있다. 예수님을 만나면 말씀이 있었다. 그것이 예수님의 전부가 아니었다. 예수님을 만나면 병든 자가 치유되고, 귀신이 나가고, 중독이 끊어지고, 죽은 자가 살아나고, 오병이어로 오천 명이 먹게 되고, 물이 포도주로 바뀌고, 풍랑이 잠잠하게 되고…. 성경에 다 기록할 수 없는 엄청난 일들이 계속 일어났다.

예수님의 몸에는 엄청난 비밀이 감추어져 있다. 마찬가지로 예수님의 몸인 교회는 아직 우리가 보지 못한 비밀이 감추어져 있는 곳이다. 우리가 어린 시절에 경험한 그 교회가 앞으로 우리가 경험할 교회는 아니다. 교회는 아직 우리가 한 번도 경험하지 못한 놀라운 비밀을 경험하는 곳이다. 왜 그런가? 교회는 예수님의 몸이기 때문이다.

예수님은 믿는데 이 교회, 저 교회로 계속 옮겨 다니는 사람은 믿음이 자라지 않는다. 나무는 계속 옮겨 심으면 자라지 않고 죽는다. 한 교회를 섬기고 한 교회를 사랑하라. 그래야 내가 영적으로 성숙해지고 자라게 된다. 성경은, 교회는 예수님의 몸이고, 교인은 그 몸을 이루는 지체라고 하였다. "이와 같이 우리 많은 사람이 그리스도 안에서 한 몸이 되어 서로 지체가 되었느니라"(롬 12:5). 몸에 있는 팔이 떨어져 있으면 어떻게 되는가? 썩는다. 썩어서 죽게 된다.

사도 바울은 여러 차례 전도여행을 다녔지만 언제나 안디옥교회로 돌아갔다. 바울은 안디옥교회에 속하였고, 그 교회의 후원을 받았으며, 그 교회를 평생 자기 교회로 삼았다. 이것이 성경이 말하는 올바른 교회관이다.

교회와 가정은 아주 닮았다. 왜냐하면 둘 다 하나님께서 직접 만드신 기관이기 때문이다. 가정은 육체적인 가족의 모임이고 교회는 영적인 가족의 모임이다. 우리 그리스도인들이 교회 없이 살 수 있

　모든 교인은 교회의 리더다

을까? 그것을 불가능한 일이다. 교회가 없는 사람은 가정이 없는 사람과 같다.

내 교회가 있어야 한다. "세상 모든 교회를 사랑한다"라며 내 교회가 없는 사람은 위험하다. 그런 사람은 "세상의 모든 가정을 사랑한다"고 말하면서 자기 가정을 사랑하지 않는 사람과 다르지 않다. 자기 교회를 팽개치고 다른 교회를 열심히 돕는 사람도 마찬가지다. 세상의 모든 교회를 사랑하려 하지 말고 먼저 내 교회를 사랑하라. 내 교회가 든든히 설 때 세상의 모든 교회가 든든히 서게 된다.

신앙의 기초는 교회를 사랑하는 것으로 시작된다. 이 세상에 완벽한 교회가 있는가? 완벽한 교회란 없다. 다 부족한 사람들의 모임이다. 교회도 부족한 면이 있지만 서로 귀히 여기고 아끼며 사랑하며 살아야 한다. 교회생활을 하다 보면 의견이 충돌되어 교회가 분리되는 경우가 흔히 있다. 이럴 때 우리는 솔로몬의 명판정을 통해 교회를 살릴 길을 선택하는 것이 얼마나 중요한 일인지를 생각해야 한다.

솔로몬은 갓 태어난 아이를 놓고 두 여인이 서로 자기 아들이라고 우기는 일을 판결해달라는 어려운 문제를 만났다. 그때 솔로몬은 칼을 가져오라고 하여 갓 태어난 아이를 둘로 나누어 각각 하나씩 두 여인에게 주라고 하였다. 그때 한 여인은 차라리 아이를 죽이지 말고 저 여인에게 주라고 하였고, 다른 한 여인은 참으로 옳으신 판결이라며 그 아이를 죽여 나누어 가져가겠다고 하였다. 그 결과 솔로몬은 이 아이를 다른 사람에게 주는 한이 있어도 죽이지 않게 하고자 한 여인이 참 어미이고, 아이가 죽어도 좋으니 나눠달라던 다른 여인이 가짜 어미라는 명판결을 내렸다.

여기에 등장하는 어린아이를 바로 교회로 적용할 수 있다. 내 의견, 내 주장이 중요하다며 교회를 나누는 자는 교회가 예수님의 몸인 것을 모르는 가짜 성도이고, 내 주장을 내려놓고 교회를 살리는 사람은 교회를 예수님의 몸으로 믿고 사는 진짜 성도이다. 교회생활은 내 주장을 내려놓고 교회를 든든히 세우는 선택을 하며 겸손히 섬겨야 한다. 하나님은 우리가 교회를 어떻게 소중히 여기는지 다 보고 계신다.

교회생활을 다시 뜨겁게 하고 싶은가? 그렇다면 다시 성경으로 돌아가 초대교회를 생각해보면 된다. 우리는 이번 장의 본문 말씀을 통하여 다른 곳에선 볼 수 없는 초대교회만의 특징 몇 가지를 배울 수 있다.

초대교회에는 성령님의 임재가 있었다

초대교회는 120명의 성도가 하늘로부터 내려오는 성령을 받은 것으로 시작되었다. 초대교회 교인들은 모두 성령으로 세례를 받았

모든 교인은 교회의 리더다

다. "그들이 다 성령의 충만함을 받고 성령이 말하게 하심을 따라 다른 언어들로 말하기를 시작하니라"(행 2:4). 초대교회를 시작한 120명의 성도 중에 성령으로 충만하지 않은 교인은 아무도 없었다.

교회는 사람들을 만나는 곳이 아니다. 교회는 계모임이나 취미 모임, 스포츠 활동 등 여가생활을 즐기기 위해 오는 곳이 아니다. 교회에 성령 하나님의 임재가 없다면 음식 없는 음식점이며, 노래 없는 음악회이고, 화면이 나오지 않는 영화관이다.

당신은 왜 교회에 가는가? 교회를 향해 갈 때는 하나님을 만날 준비를 해야 한다. 하나님을 만나는 것이 최우선시되어야 한다. 당신은 교회에 가서 하나님으로 충만해지길 원해야 한다. 하나님은 하나님을 간절히 원하는 자를 만나주신다. "여호와의 눈은 온 땅을 두루 감찰하사 전심으로 자기에게 향하는 자들을 위하여 능력을 베푸시나니 이 일은 왕이 망령되이 행하였을 즉 이후부터는 왕에게 전쟁이 있으리이다 하매"(대하 16:9). 교회는 하나님을 만나는 곳이다. 교회에 올 때 영혼 깊숙한 갈망이 있어야 한다. 하나님을 사모해야 한다.

사람은 먹고 마시는 것으로 만족하지 않는 존재다. 하나님을 만나길 원하는가? 하나님의 임재를 원하는가? 그렇다면 나의 작음을 알고 그분의 크심을 기대해야 한다. 내가 커진 사람은 결코 하나님을 만날 수 없다. 초대교회 교인들은 모두 마음이 낮아졌다. 그들은 마음을 낮추고 오직 성령 하나님의 임재만을 구하였다. 인간은 돈이

나 지식이나 권력으로 만족할 수 없다.

블레즈 파스칼은 1623년에 태어나 1662년, 39세의 젊은 나이에 생을 마감했다. 그는 그 짧은 생애에도 당시 꽤 유명한 수학자, 물리학자, 철학자, 발명가로 살았다. 그는 최초로 진공의 존재를 증명하여 양자 물리학의 토대를 마련하였고, 진공펌프를 발견하였으며, 파스칼의 원리, 「팡세」 등 수많은 업적을 남겼다. 파스칼이 죽은 뒤 그의 겉옷 안에 실로 꿰매 둔 쪽지가 발견되었다. 거기에는 이런 글이 쓰여 있었다.

1654년 은혜의 해.
11월 23일 월요일 저녁 10시 30분에서 약 12시 30분까지⋯.
불. 철학자들과 배운 자들의 하나님이 아닌 아브라함의 하나님, 이삭의 하나님, 야곱의 하나님.
확신. 확신, 감정, 기쁨, 평화, 예수, 그리스도의 하나님.
나의 하나님과 당신의 하나님.
하나님 외에 세상과 만물을 잊다.
하나님은 복음서에서 가르치는 방법으로만 발견할 수 있다.
인간 영혼의 위풍, 의로우신 아버지, 세상은 당신을 알지 못하였지만 저는 당신을 알게 되었다.
기쁨. 기쁨, 기쁨, 기쁨의 눈물.

모든 교인은 교회의 리더다

그분에게서 영원히 떨어지지 않으리라. 그분의 말씀을 절대로 잊지 않으리라. 아멘.

17세기 가장 창조적인 지성인 가운데 한 사람이었던 파스칼도 인간의 지식으로만 만족할 수 없었다. 결국 파스칼은 이런 결론을 내렸다. "사람에게는 하나님만이 채울 수 있는 빈 공간이 있다. 우리는 주변의 모든 것으로 이 빈 공간을 채우려 한다. 오직 하나님만이 이 무한한 심연을 채우실 수 있다."

하나님은 멀리 계신 분이 아니다. 하나님을 갈망하는 자는 누구나 하나님을 만날 수 있다. "이는 사람으로 혹 하나님을 더듬어 찾아 발견하게 하려 하심이로되 그는 우리 각 사람에게서 멀리 계시지 아니하도다"(행 17:27). 교회에서 무엇보다도 먼저 하나님을 만나라. 그분은 바짝 메마른 인생에 생수를 부어주실 것이다.

요한 웨슬레는 죽기 직전에 온 가족을 모아 놓고 이런 유언을 하였다. "가장 좋은 것은 하나님이 우리와 함께 계신다는 것이다." 그리고 다시 한번 손을 더 높이 쳐들고 마지막으로 힘주어 말했다. "가장 좋은 것은 하나님이 우리와 함께 계시는 것이다." 그러고 나서 웨슬레는 숨을 거두었다.

교회에는 반드시 하나님의 임재가 있어야 한다. 만약 교회에 하나님의 임재가 없다면 모든 것이 허상이다. 하나님이 임하시지 않는 설교, 하나님이 임하시지 않는 찬양, 하나님이 임하시지 않는 섬김,

그 어떤 선한 것도 다 무가치할 뿐이다.

하나님의 임재를 드러내는 통로가 바로 교회이다. "교회 안에서와 그리스도 예수 안에서 영광이 대대로 영원무궁하기를 원하노라. 아멘"(엡 3:21). 하나님은 교회 안에서, 예수님 안에서 하나님의 영광이 드러나게 하신다. 하나님의 영광이 하나님의 임재이다. 매주 예배 중에, 찬양 중에, 설교 중에, 기도 중에 당신의 인생을 송두리째 바꿀 만큼 강력한 성령의 임재가 있길 바란다.

교회는 하나님의 영광이 임하시는 장소이다. 교회는 성령 하나님이 임하시는 곳이다. 교회에 얼마나 많은 사람이 모였는가가 중요한 것이 아니라 교회에 그분의 임재가 있는가가 더 중요하다. 예배 중에 성령님의 임재로 모든 어둠이 떠나가게 된다. "또 내가 네게 이르노니 너는 베드로라. 내가 이 반석 위에 내 교회를 세우리니 음부의 권세가 이기지 못하리라"(마 16:18). 교회가 음부의 권세를 이긴다. 하나님의 권세는 교회로부터 나온다. 교회에 나오는 사람에게는 낙심이 떠나고 질병이 떠나며 모든 어둠의 권세가 당연히 떠난다.

초대교회에는
뜨거운 예배가 있었다

"그들이 사도의 가르침을 받아 서로 교제하고 떡을 떼며 오로지

모든 교인은 교회의 리더다

기도하기를 힘쓰니라"(행 2:42). "하나님을 찬미하며 또 온 백성에게 칭송을 받으니 주께서 구원받는 사람을 날마다 더하게 하시니라"(행 2:47). 초대교회에는 사도들의 말씀, 뜨거운 기도, 찬양, 나눔이 있었다. 이것은 모두 예배에 필요한 요소이다.

초대교회 교인들은 사도들의 말씀을 하나님의 말씀처럼 받았다. "이러므로 우리가 하나님께 끊임없이 감사함은 너희가 우리에게 들은 바 하나님의 말씀을 받을 때에 사람의 말로 받지 아니하고 하나님의 말씀으로 받음이니 진실로 그러하도다. 이 말씀이 또한 너희 믿는 자 가운데에서 역사하느니라"(살전 2:13). 사도 바울은 초대교회 교인들이 말씀을 들을 때 하나님의 말씀으로 받았다고 기록하고 있다.

말씀을 전하는 이가 누구든지 강단에서 그 말씀을 전해질 때는 하나님의 말씀으로 받아야 한다. 초대교회 교인들은 하나님을 향한 경외심이 있었다. 그들은 누가 말씀을 전하든지 설교하는 그 사람을 보지 않았고, 그 사람의 입술을 통해 선포되는 말씀을 오직 하나님의 말씀으로 겸허하게 받아들였다. 그들은 겸손한 마음으로 말씀을 받았다. 빈 마음으로 말씀을 받았다.

초대교회 교인들은 전심을 다해 열정적으로 기도했다. "오로지 기도하기를 힘쓰니라." 그들은 대충 기도하지 않았다. 전심으로 기도했다. 간절히 기도했다. 기도의 불이 꺼진 사람은 마음을 같이하여 기도에 불을 붙여야 한다. 기도는 공허한 공기의 울림이 아니다.

기도는 하나님의 손을 붙잡는 것이다.

초대교회 교인들은 찬양을 뜨겁게 하였다. "하나님을 찬미하며" 하나님을 뜨겁게 높였다. 사람을 높이는 것이 아니다. 하나님을 높였다. 교회는 사람에게 즐거움을 주기 위해 존재하지 않는다. 교회는 약한 자들을 위로하기 위해 존재하지 않는다. 교회는 병든 자를 치료하기 위해 존재하지 않는다. 교회는 하나님을 예배하기 위해 존재하는 것이다.

초대교회 교인들은 예배에 목숨을 걸었다. 초대교회 당시, 예배를 드린다는 그 자체는 매우 위험한 일이었다. 자신의 목숨을 거는 행위였다. 50일 전에 예수님이 체포되어 십자가에 못 박혀 죽으셨다. 예수님을 죽인 자들이 아직도 시퍼렇게 살아 있었다. 120명의 성도가 한자리에 모여 예배를 드린다는 것은 지극히 위험천만한 일이었다.

그러나 그들은 예배를 드리기 위해 목숨을 걸고 모였다. 그들은 단지 하루만 모인 것이 아니었다. 그들은 날마다 하나님을 찬양하고 예배드리기 위해 모였다. "날마다 마음을 같이하여 성전에 모이기를 힘쓰고 집에서 떡을 떼며 기쁨과 순전한 마음으로 음식을 먹고"(행 2:46). 그들에게 교회의 모임은 일주일에 한 번 모이는 주말 행사가 아니었다. 그들은 교회에 모이는 것이 일상이었다. 죽을 수도 있는 상황이었지만 그들은 회피하지 않았고 더욱 모이기에 힘썼다.

십자가 요한(요한네스 Johannes)은 이런 말을 했다. "홀로 떨어

모든 교인은 교회의 리더다

진 고고한 영혼은… 홀로 타는 석탄과 같다. 그 불길은 이제 식을 일만 남았다. 더 이상 뜨거워지지 않을 것이다." 석탄은 혼자 떨어져 있으면 곧 식게 된다. 우리는 석탄과 같은 존재이다. 사람은 혼자 있으면 넘어지기 쉽다. "서로 돌아보아 사랑과 선행을 격려하며 모이기를 폐하는 어떤 사람들의 습관과 같이하지 말고 오직 권하여 그날이 가까움을 볼수록 더욱 그리하자"(히 10:24-25).

미국의 캘리포니아주에 있는 태평양 연안에는 세계에서 가장 큰 나무인 레드우드가 군락을 이루며 서 있다. 큰 레드우드의 나무 둘레는 어른 열 명이 손을 뻗어 잡아도 잡히지 않을 만큼 넓고, 높이는 100m 정도까지 크다. 수명이 2천 년이 넘은 것도 있다.

미국의 나무들은 땅이 비옥하고 기름지기에 뿌리를 땅속 깊이 내리지 않고 옆으로 뻗어 나간다. 그래서 태풍이 오면 쉽게 넘어진다. 그런데 레드우드는 태풍이 불어도 잘 넘어지지 않는다. 그 이유는 보통 나무와는 다르게 뿌리를 뻗을 때 옆에 있는 다른 레드우드 나무 대여섯 개 정도와 뿌리가 얽히고설키며 자라기 때문이란다. 레드우드가 있는 군집에는 산 전체가 레드우드 뿌리로 다 연결되어 있다. 그러니 아무리 센 태풍이 불어도 넘어지지 않는 것이다. 자연이 우리에게 주는 산 교훈이다.

사람은 혼자 있으면 넘어진다. 그러나 서로를 붙잡아주는 끈이 있는 사람은 결코 넘어질 수가 없다. 초대교회 교인들은 서로서로 붙잡아주고 세워주는 공동체에 속해 있었다. 그래서 로마 황제의 불 같은 시험에도 견딜 수 있었다.

우리가 가슴 아픈 일을 당하면 예수님의 따뜻한 품에 안겨 위로를 받고 싶어 한다. 예수님은 우리에게 교회라는 공동체를 주셨다. 그 안에서 예수님의 팔을 느껴야 한다. 예수님은 두세 사람이 내 이름으로 모이는 곳에 함께하신다고 약속하셨다(마 18:2). 예수님은 예수님의 손과 예수님의 눈길을 느낄 수 있도록 우리에게 서로를 주셨다. 교회의 작은 공동체 안에 들어가면 예수님의 말을 들을 수 있고 예수님의 손길을 느낄 수 있다.

우리 교회 한 형제의 어머님이 갑작스럽게 돌아가셨다. 말 그대로 갑작스럽게 일어난 일이라 형제는 너무나 슬픈 나머지 장례와 같은 다른 일들을 어떻게 해야 할지 몰라 허둥댔다. 그때 교회 교인들의 따뜻한 도움으로 장례 등 모든 절차를 무사히 마칠 수 있었다. 그 형제는 교회 홈페이지에서 자신을 향한 수많은 위로의 글을 읽었다. 그 형제는 감사하는 마음과 더불어 이런 글을 남겼다.

"내가 어디에 간들 이런 위로와 힘을 얻을 수 있겠는가!"

교회는 우리의 신앙을 성숙시켜주는 곳이다. 교회는 예수님의 임재를 느끼는 곳이다. 그리스도인은 서로 자주 모여야 한다. 같이 예배를 드리고, 같이 기도하고, 같이 찬양을 드리며, 떡을 떼는 기쁨을 나누어야 한다. 이것이 살아 있는 교회의 온전한 모습이다.

모든 교인은 교회의 리더다

초대교회에는
성령의 능력이 있었다

"사람마다 두려워하는데 사도들로 말미암아 기사와 표적이 많이 나타나니"(행 2:43). 사도행전 3장에서는 40년 된 앉은뱅이가 일어났다. 감옥문이 저절로 열렸다. 죽은 자도 살아났다. 초대교회에 능력이 나타난 것은 당연한 역사였다. 왜냐하면 성령으로 충만하였기 때문이다. 성령 충만은 곧 예수님의 충만이다. 예수님은 못하실 일이 없다. 예수님께서 못 고치실 질병은 없다. 그렇기에 성령의 능력은 무한하시다.

오늘날 한국교회는 능력이 없는 게 문제이다. 다른 사람을 살리기는커녕 늘 자신의 문제에만 빠져 있고 무기력하고 무능력하다. 우리가 우리의 힘으로 살면 무능력할 수밖에 없다. 성령으로 충만해야 능력이 나타난다. 그렇기에 교회는 다니지만 아무런 능력도 없이 내 힘으로만 사는 삶을 청산해야 한다.

우리 주위의 대부분 사람이 공허함에 시달리고 있다. 수많은 가정이 가정문제로 몸살을 앓고 있다. 수많은 사람이 자녀문제로 고민하고 있지만 답이 없다. 이런 곳에 당신이 빛이 되어야 한다. 당신이 차가운 곳에 불이 되고 죽어가는 자들을 살리는 사람이 되어야 한다. 하나님은 당신을 통해 세상을 바꾸길 원하신다. 그러기 위해서는 당신이 먼저 예수님의 몸인 이 교회에서 불을 받아야 한다.

또한 성령으로 충만하면 비전이 생긴다. 열정이 생긴다. 성령으로 충만하면 하늘로부터 지혜가 생긴다. "하나님이 말씀하시기를 말세에 내가 내 영을 모든 육체에 부어주리니 너희의 자녀들은 예언할 것이요. 너희의 젊은이들은 환상을 보고 너희의 늙은이들은 꿈을 꾸리라"(행 2:17). 교회는 겨우 현상 유지만 근근이 하는 곳이 아니다. 교회는 꿈을 꾸게 하는 곳이고 꿈을 이루는 곳이다.

나는 시골에서 자랐지만 내가 전 세계에 영적 부흥을 꿈꾸게 된 것은 매주 교회에 나갔기 때문이다. 교회는 꿈을 주는 곳이다. 교회는 꿈을 꾸게 하는 곳이다. 교회를 우습게 여기지 마라. 하나님은 교회를 통해 하나님의 모든 비밀을 알려주신다.

"영원부터 만물을 창조하신 하나님 속에 감추어졌던 비밀의 경륜이 어떠한 것을 드러내게 하려 하심이라. 이는 이제 교회로 말미암아 하늘에 있는 통치자들과 권세들에게 하나님의 각종 지혜를 알게 하려 하심이니"(엡 3:9-10).

우리는 잠시 초대교회의 모습을 살펴보았다. 초대교회에는 성령 하나님의 임재가 있었다. 초대교회에는 뜨거운 예배가 있었다. 초대교회에는 능력이 있었다. 오늘날은 이런 교회가 다시 일어나야 한다. 그러기 위해서는 당신 한 사람이 먼저 성령으로 충만해야 한다. 당신이 먼저 뜨거운 예배를 드려야 한다. 당신이 먼저 성령의 능력

모든 교인은 교회의 리더다

으로 살아야 한다. 그것이 교회를 든든히 세우는 것이고 교회를 사랑하는 일이다.

교회는 인격을 수양하는 곳이 아니다. 교회는 자기 계발을 하는 곳도 아니다. 교회는 자선단체가 아니다. 교회는 성령 하나님의 임재가 있는 곳이며 그분의 능력이 드러나는 곳이다. 교회는 사람의 말을 듣는 곳이 아니라 하나님의 음성을 듣는 곳이다. 교회의 주인공은 사람이 아니라 하나님이시다.

오늘 하나님을 만나라. 오늘 그분의 음성을 들으라.
하나님은 당신을 사랑하신다.
예수님은 당신의 죄를 위해 죽으셨다.
예수님을 주인으로 모셔라.
예수님이 당신의 삶을 변화시켜주실 것이다.

오늘날 대부분의 교회가 찢기고 깨어지고 상처투성이다. 당신이 그 상처 난 교회를 싸매주고 안아주고 사랑하라. 예수님은 예수님의 몸인 교회를 귀히 여기는 자를 귀히 쓰신다. 지금 당신이 섬기는 그 교회를 사랑하라. 힘을 다하여 사랑하라. 그것은 결코 낭비가 아니다. 은혜를 쌓는 일이다. 이런 당신의 모습이 천국에 다 기록될 것이다.

"그때에 헤롯 왕이 손을 들어 교회 중에서 몇 사람을 해하려 하여 요한의 형제 야고보를 칼로 죽이니 유대인들이 이 일을 기뻐하는 것을 보고 베드로도 잡으려 할새 때는 무교절 기간이라. 잡으매 옥에 가두어 군인 넷씩인 네 패에게 맡겨 지키고 유월절 후에 백성 앞에 끌어내고자 하더라. 이에 베드로는 옥에 갇혔고 교회는 그를 위하여 간절히 하나님께 기도하더라. 헤롯이 잡아내려고 하는 그 전날 밤에 베드로가 두 군인 틈에서 두 쇠사슬에 매여 누워 자는데 파수꾼들이 문밖에서 옥을 지키더니 홀연히 주의 사자가 나타나매 옥중에 광채가 빛나며 또 베드로의 옆구리를 쳐 깨워 이르되 급히 일어나라 하니 쇠사슬이 그 손에서 벗어지더라. 천사가 이르되 띠를 띠고 신을 신으라 하거늘 베드로가 그

모든 교인은 교회의 리더다

대로 하니 천사가 또 이르되 겉옷을 입고 따라오라 한대 베드로가 나와서 따라갈새 천사가 하는 것이 생시인 줄 알지 못하고 환상을 보는가 하니라. 이에 첫째와 둘째 파수를 지나 시내로 통한 쇠문에 이르니 문이 저절로 열리는지라. 나와서 한 거리를 지나매 천사가 곧 떠나더라. 이에 베드로가 정신이 들어 이르되 내가 이제야 참으로 주께서 그의 천사를 보내어 나를 헤롯의 손과 유대 백성의 모든 기대에서 벗어나게 하신 줄 알겠노라 하여 깨닫고 마가라 하는 요한의 어머니 마리아의 집에 가니 여러 사람이 거기에 모여 기도하고 있더라"(행 12:1-12).

내가 나를 보면 기대할 것도 없고 믿을 것도 없다. 그러나 내 안에 계신 그분을 바라보면 모든 게 기대된다. 그분이 마음에 있는 자는 홍해가 나타나도 기대가 된다. 그분이 마음에 있는 자는 골리앗이 나타나도 기대가 된다. 그분과 함께하면 사람으로 할 수 없는 일을 이루게 된다. "이르시되 무릇 사람이 할 수 없는 것을 하나님은 하실 수 있느니라"(눅 18:27). 성경에는 하나님과 함께하면 무엇이든지 할 수 있다는 내용이 전부다. 도무지 소망 없는 자리에 있는 자라 할지라도 하나님과 함께하면 된다.

하나님은 인간의 눈으로 볼 때 불가능한 것을 가능하게 하시는 분이다. 도무지 인간의 지식으로는 상상할 수도 없는 광활한 이 우주와 지구를 만드신 분이 하나님이다. 도무지 아들을 낳을 수 없는

100세 된 아브라함에게 아들을 주신 분이 하나님이다. 도무지 치유될 수도 살아날 수도 없는 죽은 과부의 아들을 살리신 분이 하나님이다. 도무지 물이 한 방울도 나올 수 없는 반석에서 물이 나오게 하신 분이 하나님이다. 이런 찬양이 기억난다.

"나는 심히 고단하고 영혼 매우 갈하나 나의 앞에 반석에서 샘물 나게 하시네. 나의 앞에 반석에서 샘물 나게 하시네."

신약성경 마태복음 9장 27절에 보면 두 소경이야기가 나온다. 그들은 예수님을 만나면 자신들의 불치병인, 앞 못 보는 장애가 치료될 수 있으리라 기대했다. 그래서 예수님이 지나가신다는 소문을 듣고 따라가면서 큰소리로 외쳤다.

"디윗의 자손이여, 우리를 불쌍히 여기소서!"

그러자 예수님은 가던 발걸음을 멈추신 후, 아주 이상한 질문을 하셨다.

"내가 능히 이 일을 할 줄 너희가 믿느냐?"

이 질문을 받은 두 소경은 즉시 대답했다.

"주여, 그러하오이다!"

그들의 기대가 믿음으로 바뀌는 순간이었다.

예수님은 그 바위처럼 든든한 믿음을 보시고 "믿음대로 되라"고 하시자 눈이 밝아졌다.

예수님을 믿는 자에게는, 예수님에게 기대를 거는 사람에게는 놀라운 일이 일어난다. 예수님을 믿는 자에게는 사람이 상상조차 할

모든 교인은 교회의 리더다

수 없는 일이 일어난다. 당신이 어디에 있든지 믿음으로 하나님을 바라보고 기대하라. 오늘보다 내일이 더 나아질 것을 기대하라. 나이가 들수록 건강에 대한 불신을 갖기보다 오히려 건강에 대한 기대가 있어야 한다. 하나님께서 못 고치실 질병은 없다.

내가 신약성경에서 제일 좋아하는 구절은 마가복음 11장 24절 말씀이다. "그러므로 내가 너희에게 말하노니 무엇이든지 기도하고 구하는 것은 받은 줄로 믿으라. 그리하면 너희에게 그대로 되리라." "무엇이든지 기도하고 구하는 것은 받은 줄로 믿으라. 그리하면 그대로 되리라"는 예수님의 말씀에 대해 아멘이 되는가?

현대인은 의사의 말은 정말 신뢰하면서도 예수님의 말씀은 잘 믿지 않는다. 당신은 의사의 말보다 예수님의 말씀을 더 믿을 수 있어야 한다. 병원의 진단서보다 하나님의 진단서를 더욱 신뢰해야 한다. "내 영혼아 여호와를 송축하며 그의 모든 은택을 잊지 말지어다. 그가 네 모든 죄악을 사하시며 네 모든 병을 고치시며"(시 103:2-3). 하나님은 모든 질병을 고치신다. 이 말씀을 믿는 자는 어떤 질병이 있었더라도 치유될 것이다. 우리가 믿는 하나님은 모든 병을 고치시는 분이다.

기대를 한다는 것은 희망을 품는다는 뜻이다. 희망이 없는 자는 살아 있지만 사실 죽은 사람이다. 살아 있는 사람은 모두 소망을 둬야 한다. 솔로몬은 산 자에게는 희망이 있다고 하였다. "모든 산 자들 중에 들어 있는 자에게는 누구나 소망이 있음은 산 개가 죽은 사자보다 낫기 때문이니라"(전 9:4). 당신은 살아 있는가? 그렇다면 당신에게는 희망이 있다. 예수를 믿는 자는 항상 희망이 있어야 한다. "믿음, 소망, 사랑, 이 세 가지는 항상 있을 것인데"(고전 13:13). 어제보다 오늘이 더 나을 것이고 오늘보다 내일은 더 나아질 것이다.

하나님은 어떤 분이신가? "너희를 향한 나의 생각을 내가 아나니 평안이요 재앙이 아니니라. 너희에게 미래와 희망을 주는 것이니라"(렘 29:11). 하나님은 우리에게 소망을 주길 원하신다. 지금 당신 자신에게 이렇게 말하라.

"나에게 평안이 있는 것이 하나님의 뜻이다."
"나에게 소망이 있는 것이 하나님의 뜻이다."
"나에게 좋은 일이 일어나는 것이 하나님의 생각이다."

성경은 그저 듣기 좋은 말들을 모아 놓은 책이 아니다. 우리 주 예수님은 이렇게 말씀하셨다. "진실로 너희에게 이르노니 천지가 없어지기 전에는 율법의 일점일획도 결코 없어지지 아니하고 다 이루리라"(마 5:18). 예수님은 성경에 있는 모든 말씀은 일점일획이라도 없어지지 않고 다 이루어진다고 말씀하셨다.

신실하신 하나님은 우리에게 재앙이 아니라 평안과 소망을 주신다고 약속하셨다. 우리는 이 약속의 말씀을 믿어야 한다. 오늘날 많은 성도가 교회는 다니지만 세상 사람들과 비슷하게 불안해하고, 걱정과 염려 속에 기쁨 없는 삶을 산다. 당신이 정말 하나님을 믿는다면 온갖 두려움을 던져버리고 날마다 기대하며 살아야 한다.

우리는 이러한 신앙생활을 한 사람들을 사도행전 12장에서 발견할 수 있다. "그때에 헤롯 왕이 손을 들어 교회 중에서 몇 사람을 해하려 하여 요한의 형제 야고보를 칼로 죽이니 유대인들이 이 일을 기뻐하는 것을 보고 베드로도 잡으려 할새 때는 무교절 기간이라. 잡으매 옥에 가두어 군인 넷씩인 네 패에게 맡겨 지키고 유월절 후에 백성 앞에 끌어내고자 하더라"(행 12:1-4).

신약성경에는 많은 헤롯이 등장한다. '헤롯'은 '영웅의 아들'이라는 뜻이다. 첫 번째 사람은 헤롯 대왕이다. 그는 예수님이 태어날 당시 두 살 이하의 어린아이를 모두 죽인 엄청난 폭군이며 자기 아내를 죽인 정신질환자다. 그러나 그는 세상의 눈으로 볼 때는 영웅이었다.

두 번째는 헤롯 대왕의 아들 헤롯 안티파스로서 처제와 간통한 도덕적으로 문제아였다. 그 사실을 세례 요한이 비판하자 세례 요한의 목을 베어 죽인 자이다.

세 번째는 헤롯 대왕의 손자인 이번 장 본문에 나오는 헤롯 아그립바 1세다. 그는 유대를 다스리는 분봉왕이었지만 자신이 다윗 왕가의 출신이 아닌 이두매 출신이었기에 유대인들로부터 지지를 받지 못했다. 그러던 중 유대 종교지도자들의 골칫거리인 예수님의 제자 중 한 사람인 야고보를 체포하여 죽이자 큰 환심을 사게 되었다.

그 후 그는 유대 종교지도자들이 무척 좋아하는 것을 보고, 또다시 예수님의 수제자인 사도 베드로를 체포하여 죽이려고 하였다(행 12:4). 헤롯은 베드로를 특별히 감시하였다. 베드로에게 군사 네 명씩 네 패를 두어 감시하였다. 사도행전 5장에 보면 베드로와 요한이 감옥에 갇혔는데 천사들의 도움으로 기적적으로 풀려난 사실이 기록되어 있다. 이 사실을 아는 헤롯은 이번에는 더욱 철저히 베드로를 감시하게 하였다. 우리는 이와 같은 배경 아래 이번 장의 말씀을 통해 하나님과 기도에 관한 몇 가지 중요한 사실을 발견할 수 있다.

기대하고 기도하면
하나님이 일하신다

"이에 베드로는 옥에 갇혔고 교회는 그를 위하여 간절히 하나님께 기도하더라"(행 12:5). 사도 베드로는 도무지 탈출할 수 없는 상황이 되었다. 그가 감옥에서 풀려나온다는 것은 상상조차 할 수 없었다. 그러나 초대교회 교인들은 베드로가 풀려날 것을 기대하면서 전심으로 기도하였다.

교인들이 해야 할 일이 많지만 무엇보다도 교회를 위해 간절히 기도해야 한다. 교회를 위해 기도할 때는 꼭 목회자를 위해 기도하는 것을 잊지 말아야 한다. 목회자는 산 정상에 서 있는 사람이다.

모든 교인은 교회의 리더다

산 정상에 서 있는 사람은 어디에서 오는지 모르지만 수많은 바람을 맞게 된다. 그런 바람을 잘 이겨내고 양 떼를 잘 인도할 수 있도록 기도해야 한다. 목회자가 평안할 때 양 떼도 안전하다.

초대교회 교인들은 정치적으로 무력한 자들이었다. 초대교회 교인들은 정치적으로 헤롯의 감시를 피해 도망 다니는 약한 존재들이었다. 이런 상황이다 보니 베드로가 헤롯의 감방에서 풀려나온다는 것은 정말 기대할 수 없는 일이었다. 그러나 초대 교인들은 좌절하지 않고 베드로가 풀려 나오길 기대하며 간절히 기도했다.

얼마 전, 사도 야고보가 헤롯에게 체포되어 죽임을 당했다. 그러나 그들은 하나님께 원망이나 불평을 하지 않고 베드로가 풀려날 것을 기대하며 간절히 기도했다. 초대교회 교인들은 야고보가 체포되었을 때도 간절히 기도했을 것이다. 성경에는 기록되어 있지 않지만 분명히 그들은 야고보를 위해 기도하였을 것이다. 그런데도 야고보는 죽었다.

하지만 초대 교인들은 야고보가 죽었으니 기도해봤자 소용없는 일이라고 실망하거나 좌절하지 않고, 다시 한마음으로 베드로를 위해 기도했다. 그들은 하나님을 향한 기대를 저버리지 않았다. 그들은 야고보를 죽게 허락하신 하나님을 원망하지 않았다. 그들은 하나님을 향해 투덜대지 않았다.

우리는 교회를 향해 투덜거리지 말고 기도해야 한다. 기도해도 상황이 좋아지지 않는다고 해서 불평하지 말고 기도해야 한다. 교회를 생각하면 걱정거리가 있는가? 그 걱정목록을 기도목록으로 바꾸라. 교회를 위해 아무리 기도해도 기도 응답이 없는가? 그래도 또다시 기대하고 기도하라.

지금 나에게 걱정이 가득하다는 것은 하나님을 믿지 않는다는 방증이다. 걱정할 시간이 있는가? 그 시간에 기도하라. 걱정목록을 기도목록으로 바꾸라. 하나님을 향해서 기대하고 기도하면 하나님이 일하시기 시작한다. 특별히 교회를 향한 기도는 하나님께서 반드시 응답하신다. 교회에 나타난 어려운 문제는 교회를 위해 기도하라는 하나님의 사인이다.

당신의 현실이 사방이 꽉 막힌 감옥과 같은가? 도무지 소망이 없이 보이는가? 그래도 하나님께서 역사하실 것을 기대하라. 지난번에 기도했는데 응답이 없었는가? 그래도 다시 기대하며 기도하라. 믿음이 무엇인가? 하나님의 살아계심을 믿는 것이 믿음이다. "믿음이 없이는 하나님을 기쁘시게 하지 못하나니 하나님께 나아가는 자는 반드시 그가 계신 것과 또한 그가 자기를 찾는 자들에게 상 주시는 이심을 믿어야 할지니라"(히 11:6).

믿음은 기도에 응답이 있거나 없거나 상관없이 하나님의 살아계심을 믿는 것이 믿음이다. 지난번 기도했는데 기도 응답이 없었다고 기도하지 않는 자는 하나님의 살아계심을 믿지 않는 사람이다. 하나님에 대한 기대가 있는 사람은 아무리 어려운 상황에 빠졌더라도 기도를 멈추질 않을 것이다.

모든 교인은 교회의 리더다

기도한다는 것은, 이 세상은 눈에 보이는 것에 의해 움직이는 게 아니라 눈에 보이지 않는 하나님의 힘으로 움직인다는 사실을 믿는 것이다. 하나님의 살아계심을 믿는가? 그렇다면 하나님을 기대하고 기도하라. 하나님은 당신이 느끼는 것보다 훨씬 크신 분이다.

태양의 크기가 얼마나 커 보이는가? 주먹보다 작아 보이는가? 태양은 지구의 약 130만 배다. 즉 태양 속에 지구 130만 개를 넣어야 태양의 크기가 된다. 태양이 얼마나 뜨거울 것 같은가? 100도가 우리가 아는 최고의 온도다. 그런데 태양 겉면의 온도만 6000도다. 태양 속은 1500만 도다. 가히 상상이 안 된다. 저렇게 엄청나게 크고 뜨거운 태양을 누가 만들었는가? 하나님이시다. 인류가 시작된 이래로 6천 년 동안 태양에게 아무도 가스나 전기를 공급하지 않아도 똑같은 온도를 유지하고 있다. 누가 온도를 유지하게 하는가? 바로 하나님이시다.

하나님의 살아계심을 믿는가? 그렇다면 하나님을 크게 기대하라. 당신의 IQ 100, 200으로 전능하신 하나님을 과소평가하지 마라. 수학 문제 하나 안 풀렸다고 인생이 끝나는 게 아니다. 질병 하나 있다고 죽는 게 아니다. 비 한 번 왔다고 태양이 없어지는 게 아니다. 태풍이 와도 태양은 존재한다. 전에 기도 응답이 없었어도 여전히 하나님은 살아계신다. 그렇기에 우리는 내 기도의 응답에 상관없이 하나님을 항상 기대하며 살아야 한다.

합심하여 기도하면
하나님이 행하신다

다시 본문으로 돌아가 보자. "헤롯이 잡아내려고 하는 그 전날 밤에 베드로가 두 군인 틈에서 두 쇠사슬에 매여 누워 자는데 파수꾼들이 문밖에서 옥을 지키더니"(행 12:6). 참 이상한 기록이다. 이제 내일이면 베드로는 며칠 전에 죽은 야고보처럼 순교 될 것이다. 베드로는 헤롯을 잘 알고 있다. 베드로는 이 헤롯 가문의 악함을 잘 알고 있다. 며칠 전에 야고보처럼 자신도 죽을 것을 잘 알고 있다.

그러나 그는 지금 잠을 자고 있다. 나중에 천사들이 나타나서 깨워도 몽롱한 상태에 있었다. 그는 천사에 이끌려 도로 한 블록을 지나서야 잠이 깼었다. 그만큼 베드로는 잠이 깊이 든 상태였다. 아니 내일이면 죽을 사람이 어떻게 이렇게 깊은 잠을 잘 수 있단 말인가? 우리는 재정에 조그마한 문제만 생겨도 잠을 못 이룬다. 사랑하는 그녀가 떠나도 잠을 못 잔다. 누군가와 다투기만 하여도 잠을 못 잔다. 그런데 베드로는 내일 죽는데 지금 너무나 깊은 잠에 취해 있다.

어제 누군가 나와 똑같은 상황으로 죽었다고 해도
오늘 평안한 것이 그리스도인의 삶이다.
어제 누군가 나와 똑같은 상황으로 어려움에 빠졌다고 해도
하나님에 대해 기대하는 것이 그리스도인이다.

모든 교인은 교회의 리더다

당신은 성경에 나오는 스토리를 아는 것으로 만족해서는 안 된다. 성경에서 정보를 얻으려고 하지 마라. 성경을 읽는 것보다 중요한 일이 있다. 성경을 아는 것보다 중요한 일이 있다. 성경을 암송하는 것보다 중요한 일이 있다. 그것은 바로 성경 말씀을 믿고 성경 말씀대로 그대로 사는 것이다.

사도 베드로의 위대함은 성경을 믿고 성경 말씀대로 그냥 그렇게 살았다는 점이다. 베드로는 원래부터 이런 사람이 아니었다. 그는 예수님이 체포되었을 때 자신도 체포될까 두려워하여 계집종 앞에서 예수님을 부인한 겁쟁이였다. 그런데 그가 오순절 다락방에서 성령으로 충만하게 되자 달라진 것이다. 우리도 베드로처럼 성령 하나님으로 충만해져야 한다. 매일 충만해져야 한다. 그럴 때 베드로처럼 위대한 신앙을 가질 수 있을 것이다.

성경은 우리에는 두려워 말라, 놀라지 말라고 말씀한다. 왜냐하면 하나님이 계시기 때문이다. "두려워하지 말라. 내가 너와 함께함이라. 놀라지 말라. 나는 네 하나님이 됨이라. 내가 너를 굳세게 하리라. 참으로 너를 도와주리라. 참으로 나의 의로운 오른손으로 너를 붙들리라"(사 41:10).

당신은 지금 살아계신 하나님을 믿는가? 그렇다면 두려워하지 말고 놀라지도 마라. 그분이 도와주실 것이다. 그분이 붙들어주실 것이다. "그러므로 내일 일을 위하여 염려하지 말라. 내일 일은 내일이 염려할 것이요. 한 날의 괴로움은 그날로 족하니라"(마 6:34). 당신이 눈만 뜨면 근심과 걱정, 염려로 산다면 당신은 교회만 다니고 있지 진짜 하나님을 믿는 것이 아니다. 두려움이 밀려온다고 해서 두려움으로 받아들이지 마라. 두려움이란 존재는 한 명 초대하면 군대로 몰려온다. 그러므로 두려움을 상상도 하지 말고 두려움이란 단어를 만지지도 마라. 미래에 대해 무서운 생각을 하는 사람은 무서움이 임하고 즐거운 일을 생각하는 사람은 즐거운 일이 생긴다.

우리 인생에는 잠을 뒤척이게 만드는 일이 많이 일어난다. 그럴 때마다 두려워하지 말라고 말씀하시는 하나님을 바라보라. 감옥에 갇힌 것처럼 현실이 답답하고 암담할 때 하나님을 바라보라. 사방이 다 막혀도 하늘문은 열려 있다. 억울한 일을 당하였을 때 하나님을 바리보라. 하나님을 바라보면 생각하지 못한 놀라운 일이 일어난다.

지금 감옥에 갇혀 있다고 하나님이 안 계시는 게 아니다. 지금 홍해가 앞을 가로막았다고 하나님이 안 계시는 게 아니다. 지금 내가 사자굴에 갇혔다고 하나님이 안 계시는 게 아니다. 지금 고난 때문에 하나님이 안 계시는 것 같아도 여전히 하나님은 살아계신다. 매일 매 순간 믿음으로 하나님을 기대하며 살라. 하나님께 능치 못할 일이 없다. "믿는 자에겐 능치 못함이 없다!"라고 외쳐라. 하나님에게 기대하지 않으면 우리가 누구를 기대하겠는가?

하나님은 이 세상 누구와도 비교가 안 되는 온 천하 만물을 창조하신 창조주 하나님이시다. 하나님은 오늘도 온 우주 만물을 주관하신다. 이 세상 모든 게 그분 것이다. "이는 만물이 주에게서 나오고 주로 말미암고 주에게로 돌아감이라. 그에게 영광이 세세에 있을지 어다. 아멘"(롬 11:36).

하나님은 우리가 필요한 모든 것을 풍성하게 채워주시는 분이 다. "나의 하나님이 그리스도 예수 안에서 영광 가운데 그 풍성한 대로 너희 모든 쓸 것을 채우시리라"(빌 4:19). 하나님은 우리가 생각하는 것보다 더 넘치도록 부어주시는 분이다. "우리 가운데서 역사하시는 능력대로 우리가 구하거나 생각하는 모든 것에 더 넘치도록 능히 하실 이에게"(엡 3:20). 하나님에 대한 아무 기대 없이 교회에 오지 마라. 하나님의 대한 아무 기대 없이 단 하루도 살지 마라.

성경은 각양 좋은 것은 다 하나님에게서 나온다고 말하고 있다. "온갖 좋은 은사와 온전한 선물이 다 위로부터 빛들의 아버지께로부터 내려오나니 그는 변함도 없으시고 회전하는 그림자도 없으시니라"(약 1:17). 지금 내 상황이 어떠하든 간에 하나님을 기대하며 살라. 죽음을 눈앞에 두고 평안했던 베드로의 평안이 당신의 평안이 될 것이다. 베드로의 하나님이 당신의 하나님이 되실 것이다.

"홀연히 주의 사자가 나타나매 옥중에 광채가 빛나며 또 베드로의 옆구리를 쳐 깨워 이르되 급히 일어나라 하니 쇠사슬이 그 손에서 벗어지더라"(행 12:7). 하나님은 믿음을 가진 자에게 역사하신다. 초대교회 교인들이 믿음을 가지고 간절히 기도하자 하나님께서 역사하셨다. 하나님은 그냥 기도한다고 응답하시는 게 아니다. 믿음의 기도에 응답하신다. 기도할 수 없는 상황인데도 믿음을 가지고 기도하면 그 믿음에 역사하신다.

믿음으로 기도하라. 겨자씨만 한 믿음이 있어도 믿음을 가지면 거대한 산이 옮겨진다. 믿음으로 기도하라. 그러면 홀연히 역사하신다. 홀연히는 갑자기를 뜻한다. 기도가 쌓이면 홀연히 질병이 낫는다. 홀연히 감옥문이 열린다. 홀연히 문제가 해결된다. 홀연히 기적이 일어난다.

하나님의 사자가 갇혀 있는 베드로의 감옥에 들어왔다. 하나님의 사자가 들어서자 두 가지 현상이 나타났다. 하나는 빛이 들어왔고 또 하나는 쇠사슬이 손에서 풀렸다. 먼저 하나님의 사자가 나타나자 그 어두운 감옥에 광채가 났다. 당신의 삶이 지금 밤과 같은가? 아무리 깊은 밤이라도 하나님의 빛이 들어가면 밝아진다. 500년 된 유적지의 동굴이라도 빛이 들어가면 환하게 밝아진다. 당신의 질병이 아무리 오래되었어도 하나님은 치유하신다. 하나님은 당신의 인생을 밤으로 끝내지 않으신다. 하나님은 당신이 절망으로 끝나길 원하지 않으신다. 하나님은 당신의 인생에 빛으로 다가오신다.

창세기 1장에 보면 하나님께서 6일 동안 온 세상을 창조하시는 장면이 나온다. 처음 빛이 있으라 하시고 빛을 낮이라 하시며 어둠을 밤이라 칭하셨다. 그다음에 덧붙이는 단어가 "저녁이 되고 아침이 되니 이는 첫째 날이니라"(창 1:5). 그다음 날 물 가운데 궁창을 만드시고 궁창을 하늘이라 칭하시고 그다음에 붙이는 단어가 "저녁이 되고 아침이 되니 이는 둘째 날이니라"(창 1:8). 이렇게 6일 다 "저녁이 되고 아침이 되니"라고 덧붙이셨다. 하나님의 하루는 저녁으로 시작해서 아침으로 끝나는 것이다. 하나님은 언제나 어둠으로 시작하여 밝음으로 끝내신다.

당신의 인생이 지금 어두운가? 하나님은 반드시 밝음으로 끝내실 것이다. 어둠으로 시작해서 어둠으로 끝내는 것은 하나님의 방법이 아니다. 하나님은 당신의 인생을 빛으로 마무리하실 것이다. 인생은 울면서 태어나 웃으면서 죽는 것이다.

지금 밤이 깊은가? 믿음으로 곧 빛이 올 것을 기대하라. 새벽이 밤을 밀어내듯 소망의 빛이 당신의 삶 속에서 절망을 몰아낼 것이다. 당신의 삶이 혼돈하고 공허하고 흑암이 깊은가? 땅이 혼돈하고 공허하고 흑암이 깊을 때 하나님의 신이 운행하셨다. 성령 하나님은 당신의 삶이 혼돈하고 공허하고 흑암이 깊을 때 개입하길 원하신다. 당신의 삶에 빛이 들어오길 기대하라.

감옥문이 열리도록 기대하라

"이에 첫째와 둘째 파수를 지나 시내로 통한 쇠문에 이르니 문이 저절로 열리는지라. 나와서 한 거리를 지나매 천사가 곧 떠나더라"(행 12:10). 문은 권위를 상징한다. 당신을 가두고 있는 모든 나쁜 권위의 문이 열릴 것을 기대하라. 그리고 주님의 능력이 들어올 것을 기대하라. 질병이 나가고 건강이 들어올 것을 기대하라. 절망이 나가고 소망으로 들어올 것을 기대하라. 미움이 나가고 사랑이 들어올 것을 기대하라.

민음의 사람은 언제나 희망을 말해야 한다. 에밀 브루너는 이런 말을 했다. "폐에 산소가 필요한 것처럼 인간에게는 희망이 필요하다." 혹시 세상 사람들은 희망을 버릴 수 있지만 우리 믿음의 사람에게는 희망이 없는 날이 없다. 그렇다. 아무리 깊은 감옥에 갇혔어도 희망이 없을 때는 없었다. 단지 희망을 포기한 사람만 있을 뿐이다. 희망을 품고 미래에 대해 좋은 일이 일어날 것을 기대하라. 당신을 가두고 있는 감옥문이 열리길 기대하라.

우리 믿음의 사람의 운명은 소망으로 가득 찬 삶을 사는 것이다. 그러므로 결코 감옥 같은 어두운 삶에 머무는 것을 당연하게 여겨서는 안 된다. 하나님께서 역사하실 것을 기대해야 한다. 감옥문이 열리고 자유롭게 될 것을 기대해야 한다. 이런 말을 하면 베드로에게는 하나님께서 역사하시지만 나에게는 역사하지 않으실 거라고 말하는 사람들이 있다. 그 말은 사탄의 속임수다. 절대 속지 마라. 베드로의 하나님은 곧 당신의 하나님이시다.

한 인디언이 독수리 알을 발견하였다. 그는 그 알을 닭의 둥지 안에 갖다 놓았다. 얼마 안 있어 알에서 독수리 새끼가 부화되었고 그 새끼는 다른 병아리들과 함께 자랐다. 그러자 그 독수리는 자신이 닭이라고 생각하여 닭처럼 행동했다. 씨앗과 곤충들을 먹으려고 발톱으로 땅을 긁어 파헤쳤고 암탉과 같이 꼬고 소리 내며 울었다. 가끔은 날개를 펄럭거리며 몇 미터 정도 날았을 뿐이다.

어느 날, 닭처럼 행동하던 이 독수리는 구름 한 점 없는 높은 하늘에서 날고 있는 거대한 새 한 마리를 보았다. 그 새는 우아한 자태로 강한 바람을 타며 날다가 커다란 황금빛 날개를 펄럭이며 단번에 하늘로 치솟았다.

"와, 저런 커다란 새도 있구나. 나도 저렇게 날 수 있으면 얼마나 좋을까?"

어린 독수리는 부러워하며 병아리 친구에게 물었다.

"저 새는 뭐지?"

"음, 저 새가 바로 독수리야. 새 중의 왕이지. 넌 꿈도 꾸지 마. 죽었다가 깨어나도 저렇게 날 수 없으니까."

이 말을 들은 어린 독수리는 다시는 그 독수리처럼 날고자 하는 생각을 하지 않았다.

참 안타까운 이야기다. 원래 독수리는 하늘로 치솟아 오르기에 적합한 새인데 단지 땅 위에서 흙이나 후벼 파는 것에 길들었으니 말이다. 누군가가 어린 독수리에게 "네가 바로 저 창공을 날아다니는 독수리야"라는 말 한마디만 해주었더라면 그 어린 독수리는 그렇게 계속 살진 않았을 것이다. 당신은 땅만 쳐다보고 살다가 일생을 마칠 세상 사람이 아니다.

> 나는 죽었다가 깨어나도 베드로에게 일어났던 일은
> 나에게 일어나지 않을 거라고 말하지 마라.
> 하나님께서 당신의 감옥문을 여실 것을 기대하라.

하나님의 손을 붙잡으면 상상 그 이상의 미래가 펼쳐질 것이다. 아무리 절망적인 상황에 처해 있어도 하나님을 믿는 자에게는 언제나 희망이 있다. "소망의 하나님이 모든 기쁨과 평강을 믿음 안에서 너희에게 충만하게 하사 성령의 능력으로 소망이 넘치게 하시기를 원하노라"(롬 15:13). 우리 하나님은 희망의 하나님이시다. 하나님은 당신에게 인색하지 않으시다. 아버지가 아들에게 인색한 사람은 없다. 하물며 하나님께서 당신에게 인색하시겠는가? 하나님은 당신의 인생에 희망을 주기 원하신다.

존 어스킨은 해박한 지식을 지닌 인기 있는 컬럼비아대학의 교수다. 학생들은 그의 강의를 듣고자 앞다투어 수강 신청을 한다. 그의 강의를 듣는 학생들은 그가 명강의를 하므로 강의를 듣는 것이 아니라 학생들을 믿어주기 때문에 그의 강의를 듣는다고 말한다. 그는 항상 자신의 강의를 들으러 오는 학생들에게 이렇게 말했다.

모든 교인은 교회의 리더다

"아직 최고의 책은 저술되지 않았습니다. 최고의 그림도 그려지지 않았습니다. 최고의 정부도 세워지지 않았습니다. 그 최고의 것들을 이루는 것은 바로 여러분의 몫입니다."

이것은 하나님이 하시고자 하는 말씀과 같다. 아직 하나님의 위대한 일들은 이루어지지 않았다. 당신 최고의 순간은 아직 오지 않았다. 당신 최고의 노래는 아직 불리지 않았다. 당신 최고의 그림은 아직 그려지지 않았다. 당신 최고의 시는 아직 지어지지 않았다.

감옥 안에 있는 베드로는 아직 마지막이 아니었다. 그는 감옥에서 나와 초대교회를 이끌었고 나중에는 베드로전서와 후서를 기록했다. 그리고 마가를 불러 마가복음을 기록하게 하였다.

사도 베드로에게 나타난 감옥은 그의 인생 끝이 아니었다. 베드로는 감옥에서 나온 뒤 더 놀라운 인생을 살았다. 베드로는 성령에 이끌려 살았다. 이제 그는 과거에 예수님을 부인하고 도망쳤던 겁쟁이 베드로가 아니었다. 그는 얼마나 많은 사람의 병을 고쳤는지 베드로의 그림자만 밟아도 병이 나을 정도로 성령에 충만한 사람이었다. 심지어 그는 죽은 사람도 살렸다. 베드로에게 부어진 성령이 우리에게도 부어져야 한다. 베드로에게만 기적이 일어나는 게 아니다. 우리도 어제보다 오늘 더 위대한 인생을 살게 될 것이다.

하나님은 왜 우리에게 새로운 날을 주실까? 우리에게 아직 못다 부른 노래가 있기 때문이다. 우리에게 아직 못다 그린 그림이 있기 때문이다. 마음속으로 한 번 복창해보라.

하나님은 하실 수 있다! 그분과 함께 나도 할 수 있다!

그분의 손을 잡고 미래에 대해 기대하기 바란다. 겨자씨만 한 믿음을 가지고 있어도 산을 움직이는 분이 하나님이시다. 겨자씨만 한 기대가 산을 움직인다. 하나님은 기대한 만큼 복을 주신다. 예수님은 언제나 너희 믿음대로 되라고 말씀하셨다. 큰 응답을 기대하라. 사람을 기대하지 말고 하나님을 기대하라.

다시 한번 하나님의 생각을 읽어보자. "너희를 향한 나의 생각을 내가 아나니 평안이요 재앙이 아니니라. 너희에게 미래와 희망을 주는 것이니라"(렘 29:11). 정말 하나님을 믿는가? 그렇다면 하나님을 기대하라. 정말 하나님의 살아계심을 믿는가? 그렇다면 지금 당신을 가두고 있는 감옥문이 열릴 것을 기대하라.

하나님은 여전히 당신을 사용하길 원하신다.
하나님은 한 번도 당신을 포기한 적이 없으시다.
하나님은 여전히 당신을 기대하고 계신다.

이제 그만두는 것이 좋겠다고 포기하는 자가 있는가? 그러나 하나님은 아직 당신이 포기하는 것을 원치 않으신다. 당신이 아무리

모든 교인은 교회의 리더다

못났어도, 당신이 아무리 과거에 어리석은 짓을 저질렀어도 상관없다. 하나님은 당신에게 믿음을 주시고 당신을 통해 세상을 바꾸길 원하신다.

감옥 안에 갇힌 베드로를 쓰신 하나님은 당신을 쓰길 원하신다. 감옥 안에 갇힌 베드로를 포기하지 않으신 하나님은 당신을 포기하지 않으신다. 하나님은 당신을 단 한 번도 포기한 적 없으시다. 그리고 앞으로도 절대로 포기하지 않으실 것이다. 이것은 당신이 믿으나 믿지 않으나 상관없이 변함없는 진리다.

오늘 하나님을 기대하면서 기도하라. 어떤 질병이든 치유될 것을 기대하고 기도하라. 어떤 감옥이든지 열릴 것을 기대하고 기도하라. 오늘 위로부터 하늘의 능력이 부어질 것을 기대하며 기도하라. 교회에 큰 부흥이 일어날 것을 기대하며 기도하라.

에스겔 골짜기의 마른 뼈를 살리신 분은 성령 하나님이시다. 성령께서 모든 죽은 것을 살리실 것이다. 교회에 모든 잠자는 영혼이 일어날 것을 기대하며 기도하라. 당신의 인생에 성령 하나님께서 역사하실 것을 기대하며 기도하라. 오늘 모든 절망의 문이 열리고 희망이 들어올 것을 기대하라. 오늘 기적의 문이 열릴 것을 기대하라. 올해가 인생의 최고의 해가 될 것을 기대하라. 하나님은 기대하고 기도하고 기다리는 자에게 은혜와 은사와 기적을 부어주신다.

하나님은 실수투성이고 얼룩투성인 우리를 걸작품으로 바꾸시는 분이다. 내 인생에 얼마나 많은 상처가 있느냐는 중요하지 않다.

하나님은 온 우주를 창조하신 창조주 하나님이시다. 하나님은 무에서 유를 창조하신 분이다. 하나님은 연약한 나를 통해 하나님의 강함을 드러내시는 분이다.

당신이 교회의 리더인가? 그렇다면 무엇보다도 기도의 중요성을 알고 기도의 능력을 체험하라. 하나님은 모세 다음으로 여호수아를 리더로 세우실 때 가장 먼저 기도를 훈련하셨다. 출애굽기 17장에 보면 출애굽한 이스라엘 백성들이 홍해를 건너고 르비딤 광야에서 처음으로 아말렉 군사들과 전투하는 장면이 나온다. 이때 모세는 산 위에 올라가 기도하고 여호수아는 전투에 임하였다.

우리가 잘 아는 대로 모세의 기도 손이 올라가면 전투가 이기고 모세의 기도 손이 내려오면 전투가 후퇴하였다. 결국 아론과 훌이 모세의 손을 계속 들고 있게 하여 전쟁에 승리하게 되었다. 그 사건 결말에 하나님은 여호수아에게 이 사건을 그의 귀에 들려 알게 하시고 기도의 중요성을 외우게 하셨다.

"여호수아가 모세의 말대로 행하여 아말렉과 싸우고 모세와 아론과 훌은 산꼭대기에 올라가서 모세가 손을 들면 이스라엘이 이기고 손을 내리면 아말렉이 이기더니 모세의 팔이 피곤하매 그들이 돌을 가져다가 모세의 아래에 놓아 그가 그 위에 앉게 하고 아론과 훌이 한 사람은 이쪽에서, 한 사람은 저쪽에서 모세의 손을 붙들어 올렸더니 그 손이 해가 지도록 내려오지 아니한지라. 여호수아가 칼날로 아말렉과 그 백성을 쳐서 무찌르니라"(출 17:10-13). 하나님은 이 사건을 통해 여호수아에게 기도의 힘을 귀에 전하여 외우게 하라고 하셨다. 이것은 인생에서 가장 중요한 게 기도라는 사실을 체험으로 알게 하라는 뜻이셨다.

당신의 자녀들에게 인생에서 가장 중요한 일 한 가지를 가르치라면 무엇을 말할 것인가? 그것은 실력이 아니라 기도의 힘이다. 여호수아가 전쟁에서 이긴 것은 싸움을 잘하였기 때문이 아니다. 전술이 좋았기 때문도 아니다. 오직 기도 때문이었다. 여호수아는 기도의 힘을 이론으로 배운 것이 아니라 체험으로 알았다. 그래서 여호수아는 후에 모세가 사라진 뒤 가나안 땅에 들어가 오직 기도에 힘썼다. 그는 견고한 여리고성 앞에서 기도하였다. 그는 요단강 앞에서 기도하였다. 그는 가나안 북방 다섯 왕과 싸우기 전에 기도하였다. 그는 오직 기도로 가나안 땅 전부를 차지하였다.

리더는 기도의 힘을 알아야 한다. 리더는 기도의 힘을 체험해야 한다. 리더는 매일 기도시간을 가져야 한다. 기도의 힘을 모르는 자, 기도하지 않는 자는 리더의 자격이 없다. 우리도 여호수아처럼 날마다 하나님을 기대하는 기도로 좋은 리더가 되어야 한다.

당신이 리더인가? 그렇다면 날마다 하나님을 기대하며 살라. "내일이 보이지 않는 것은 내일이 없어서가 아니라 내일이 너무 찬란하기 때문이다."

02

그리고 사람을 사랑하라

우리를 향한 두 번째 우선순위는
사람을 사랑하는 것이다.

"노아가 농사를 시작하여 포도나무를 심었더니 포도주를 마시고 취하여 그 장막 안에서 벌거벗은지라. 가나안의 아버지 함이 그의 아버지의 하체를 보고 밖으로 나가서 그의 두 형제에게 알리매 셈과 야벳이 옷을 가져다가 자기들의 어깨에 메고 뒷걸음쳐 들어가서 그들의 아버지의 하체를 덮었으며 그들이 얼굴을 돌이키고 그들의 아버지의 하체를 보지 아니하였더라. 노아가 술이 깨어 그의 작은 아들이 자기에게 행한 일을 알고 이에 이르되 가나안은 저주를 받아 그의 형제의 종들의 종이 되기를 원하노라 하고 또 이르되 셈의 하나님 여호와를 찬송하리로다. 가나안은 셈의 종이 되고 하나님이 야벳을 창대하게 하사 셈의 장막에 거하게 하시고 가나안은 그의 종이 되게 하시기를 원하노라 하였

더라. 홍수 후에 노아가 삼백오십 년을 살았고 그의 나이가 구백오십 세가 되어 죽었더라"(창 9:20-29).

인간관계를 잘하는 비결은 무엇일까? 이와 관련해서 부부 상담 전문가는 이런 말을 했다. "부부 사이가 나쁜 사람들과 부부 사이가 좋은 사람들에게는 공통점이 있다. 부부 사이가 나쁜 사람들은 서로를 무시한다. 반면에 부부 사이가 좋은 사람들은 서로 상대방을 존중한다." 그렇다. 부부 사이처럼 인간관계에서 존중은 매우 중요하다. 내가 상대방에게 무시를 받고 있다고 느끼면 상대방에게 마음의 문을 닫게 되고, 내가 상대방으로부터 존중을 받고 있다고 느끼면 상대방을 향해 마음의 문을 열게 된다.

이 존중은 하나님과 우리 사이에서도 아주 중요한 덕목이다. "이제 나 여호와가 말하노니…. 나를 존중히 여기는 자를 내가 존중히 여기고 나를 멸시하는 자를 내가 경멸하리라"(삼상 2:30). 여기에 '멸시하는'이라는 단어는 '천하게, 우습게, 가볍게'로 번역할 수 있다. 하나님을 존중하는 자는 하나님께서도 그를 존중히 여기고, 하나님을 우습게 여기는 자는 하나님께서도 그를 우습게 여긴다는 말씀이다.

하나님과 나 사이를 좋게 만드는 방법은 내가 하나님을 존중하면 된다. 당신이 아무리 기도를 열심히 해도 하나님을 존중하지 않으면 하나님은 당신의 기도에 응답하지 않으신다. 왜냐하면 하나님

모든 교인은 교회의 리더다

은 하나님을 존중하지 않는 자를 무시하시기 때문이다. 오늘날 현대인 중에 이 존중의 힘을 모르는 사람이 너무나 많은 것 같다. 존중은 모든 인간관계를 여는 열쇠다.

하나님은 우리에게서 존중받기를 원하신다. 에덴동산에서 하나님은 아담과 하와에게 존중받기를 원하셨다. 그러나 아담과 하와는 하나님의 말씀에 불순종함으로써 하나님을 향한 존중을 내버렸다. 그래서 그들은 하나님이 주신 에덴동산의 그 큰 축복을 다 빼앗겨버렸다.

존중의 원리는
어제나 오늘이나 같다

맥도날드 창업자인 레이 크록은 자신이 가장 중요하게 생각하는 것은 존중이라고 말했다. 그는 틈만 나면 직원들에게 "서로 존중해야 함께 성공한다"고 말했다. 지금 맥도날드는 세계 120개국에 지점이 있고 3만 개가 넘는 매장이 있다. 그는 자신이 이렇게 거대기업으로 성공한 원인에는 존중의 원칙 때문이라고 늘 말하곤 한다.

사회학자들은 사람에게 가장 강한 욕구가 인정받고자 하는 욕구라고 말한다. 사람들은 누구나 존중을 받으며 존재감을 느끼고 싶어 한다. 모든 사람이 "나는 중요한 사람인가?"라는 것에 대해 고민한다. 왜 유명 연예인들이 악성댓글에 우울증이 걸리고, 심하면 극단적인 선택까지 하게 되는가? 사람은 존중받지 못할 때 존재감을 상실하기 때문이다.

그렇다면 이렇게 중요한 '존중'이라는 덕목을 우리는 어디에서 배워야 하는가? 바로 가정이다. 성경은 가정에서 모든 자녀가 부모를 존중하라고 말씀한다. "너는 네 하나님 여호와께서 명령한 대로 네 부모를 공경하라. 그리하면 네 하나님 여호와가 네게 준 땅에서 네 생명이 길고 복을 누리리라"(신 5:16). 이 말씀은 십계명 중에서 제5계명에 나오는 말씀이다.

십계명은 두 개의 돌 판으로 되어 있다. 제1~4계명은 하나님에 대한 말씀이고, 제5~10계명은 사람에 내한 말씀이다. 사람에 대한 계명 중에 첫 번째 계명이 바로 부모를 공경하라는 말씀이다. 그래서 신약성경 에베소서에서는 이 부모 공경을 첫 번째 계명이라고 소개한다. "네 아버지와 어머니를 공경하라. 이것은 약속이 있는 첫 계명이니"(엡 6:2).

여기서 부모를 공경하는 것이 바로 부모를 존중하라는 의미다. 이 부분을 NIV 영어성경에서는 "Honor your father and mother"로 되어 있다. 부모를 존중하라는 말은 부모를 존귀하게 여기라는 뜻이다. 부모를 존중하라는 것은 제안이나 권고가 아닌 인간관계에서 가장 중요한 첫 계명이다. 계명은 지켜도 되고 안 지켜도 되는 선택이 아니다. 반드시 지켜야 하는 명령이다.

모든 교인은 교회의 리더다

우리가 지켜야 할 계명도 많지만 인간관계의 첫 번째 계명인 부모를 존중하는 것부터 시작해야 한다. 예수를 믿는다고 하지만 계명을 지키지 않는다면 그 믿음은 거짓 믿음이다. "그를 아노라 하고 그의 계명을 지키지 아니하는 자는 거짓말하는 자요. 진리가 그 속에 있지 아니하되"(요일 2:4).

부모를 존경하는 것은 인간관계의 가장 중요한 기초이다. 부모를 존중하지 않는 자는 선생님을 존중할 수 없고 선배를 존중할 수 없으며 친구를 존중할 수 없다. 심지어 자기 자신도 존중할 수 없다. 요즘 젊은이들은 자기 부모를 무시하는 것을 마치 자랑처럼 여기고 있다. 이것은 반항적인 시대가 낳은 저주이다. 우리는 부모님을 존귀하게 여겨야 한다.

성경에는 부모를 우습게 여기고 무시하는 행위를 아주 강하게 책망한다. "그의 부모를 경홀히 여기는 자는 저주를 받을 것이라 할 것이요. 모든 백성은 아멘 할지니라"(신 27:16). 저주를 받는다는 것은 무서운 말이다. 하나님께 저주를 받으면 모든 것이 허사로 끝난다. 하나님의 저주를 받으면 아무리 큰 노력을 해도 비참하게 되고 만다. 아무리 많은 돈을 벌어도 그 돈이 가정과 건강을 깨어버린다. 아무리 높은 위치에 올라도 그 높은 위치가 가정과 건강을 앗아가 버린다. 그것이 저주이다.

노아의 가정,
부모 존중의 아주 중요한 해답

이번 장의 본문에 나오는 노아의 가정은 성경에 나오는 부모 존중에 관한 아주 중요한 예다. 노아는 대홍수를 피해 방주에서 370일을 지내다 방주에서 나와 육지에 내렸다. 노아의 여덟 식구는 새로운 삶을 시작하였다. 새로운 인류가 된 것이다. 하나님은 노아와 새로운 언약을 맺고 노아에게 다시는 물로 심판하지 않겠다며 무지개를 보여주셨다. "내가 내 무지개를 구름 속에 두었나니 이것이 나와 세상 사이의 언약의 증거니라"(창 9:13).

창세기 9장은 아담 이후에 타락한 자들을 홍수로 멸망시킨 후 새로운 인류의 시작이다. 얼마나 아름다운 모습인가? 아름다운 무지개와 함께 새로운 땅에 새로운 삶이 펼쳐진다. "방주에서 나온 노아의 아들들은 셈과 함과 야벳이며 함은 가나안의 아버지라"(창 9:18). 이 부분에서 우리가 주목해야 할 것이 있다. 성경은 다른 아들들에게는 아무런 꾸밈이 없었는데 함에게만 유독 '가나안의 아버지'라는 말을 덧붙이고 있다. 이런 것을 복선이라고 한다.

노아는 새로운 가정생활을 시작했다. 그러던 어느 날, 노아는 포도를 수확하고 포도주를 마시게 되었다. "노아가 농사를 시작하여 포도나무를 심었더니 포도주를 마시고 취하여 그 장막 안에서 벌거벗은지라"(창 9:20-21). 성경은 일부러 지어낸 이야기가 아니다. 성경은 사람이 만든 위인전도 아니다. 성경은 아무리 위대한 의인 노아이지만 그의 실수를 적나라하게 기록하고 있다.

그렇다면 왜 노아는 포도주를 먹고 취했을까? 성경에는 기록되어 있지 않지만 아마도 첫 수확에 너무 좋아서 과음하였을 수 있다. 아니면 그가 새로운 인류의 첫 번째 아버지로서 혼자 아버지라는 외로움을 달래기 위해서, 또는 아버지로서 자녀들을 부양해야 하고 리드해야 하는 부담감일 수도 있다. 어쨌든 노아는 포도주를 많이 마시고 취해 벌거벗었다. 포도주로 인해 몸에 열이 나서 벗었던 것 같다. 이것은 성경에 나오는 딱 한 번 노아의 실수이다.

이때 노아의 둘째 아들 함이 아버지 텐트 안으로 들어왔다. 그리고 "가나안의 아버지 함이 그의 아버지의 하체를 보고 밖으로 나가서 그의 두 형제에게 알리매"(창 9:22). 여기서 함이 한 행동은 아버지의 하체를 본 것과 밖에 나가서 그것을 형제들에게 알린 것이다.

그런데 여기에 '본다'는 단어는 그냥 훅 지나간 것이 아니라 '자세히 보고 계속해서 주목하였다'는 의미다. 함은 우연히 아버지 방에 들어왔다가 아버지의 하체를 보고 후다닥 놀라 뛰쳐나온 것이 아니었다. 그는 아버지의 부끄러운 광경을 보고 또 보면서 계속 즐긴 것이다. 함의 행동은 부모를 향한 존경심이 없었다. 여기에서도 함을 소개할 때 '가나안의 아버지'라고 말하고 있음을 주목할 필요가 있다.

다음으로 함은 아버지의 실수를 형과 동생에게 알렸다. 이것은 부모의 실수를 부각시키고 부모의 존경을 빼앗는 도둑질과 다름없는 행위였다. 함은 타인의 실수를 알리면서 자신의 존재감을 드러내고 즐기려는 나쁜 심보를 가졌었다. 함은 아버지의 권위에 대해서는 조금도 생각하지 않고 고발의 쾌감을 즐겼다. 남들의 실수를 떠들고 다니는 것은 큰 죄다. 남의 실수를 고발하는 것이 바로 사탄이 하는 일이다.

> 예수님은 우리의 실수와 죄를 가리는 정도가 아니라
> 그 죄를 위해 대신 십자가에 죽어주셨다.
> 그러나 사탄은 우리의 죄를 고발하고
> 우리의 실수를 부각시켜 죽게 한다.
> 당신이 남의 실수를 덮어주고 용서해주면
> 예수님을 닮는 것이고
> 남의 실수를 곳곳에 옮기며 즐기고 있다면
> 사탄을 닮는 것이다.

그런데 여기서 눈여겨볼 것이 하나 있다. 그것은 함의 보고가 사실이라는 점이다. 그것은 꾸며낸 이야기가 아니라 정말로 일어난 사건이라는 점이다. 그의 아버지 노아는 분명 술에 취했고 벌거벗었다. 노아는 분명 경건하지 못했다. 함은 자신이 본 그대로 사실을 말하였다.

모든 교인은 교회의 리더다

현대인들은 옳은 일에 목숨을 건다. 그러나 옳은 것보다 더 중요한 것은 존경과 사랑이다. 사랑 없이 진실만 강조하면 수많은 사람을 다치게 할 수도 있다. 내가 말하는 것이 그 사람의 실수를 드러내는 일이라면 말하지 않는 것이 더 좋을 수도 있다. 내가 본 것이 사실이어도 그것을 말함으로써 상대방의 존경을 빼앗는 일이라면 말하지 말아야 한다. 특히 교회에서는 사실이라도 내가 본 것을 그대로 옮기는 일은 주의해야 할 태도이다.

사실보다 더 중요한 것은 상대방을 향한 사랑이다. 사람들은 내가 남들에게 존중받기를 원하면서 남은 존중하지 않는다. 내가 존중받기를 원한다면 먼저 다른 사람을 내가 존중해야 한다.

"그러므로 무엇이든지 남에게 대접을 받고자 하는 대로 너희도 남을 대접하라. 이것이 율법이요 선지자니라"(마 7:12).

이 구절을 '황금률'이라고 말한다. 내가 존중해야 남에게 존중받는다는 황금의 법칙을 잊어서는 안 된다.

그렇다면 함의 보고를 받은 형제들은 어떻게 하였을까? "셈과 야벳이 옷을 가져다가 자기들의 어깨에 메고 뒷걸음쳐 들어가서 그들의 아버지의 하체를 덮었으며 그들이 얼굴을 돌이키고 그들의 아버지의 하체를 보지 아니하였더라"(창 9:23). 셈과 함은 아버지의 실수에 대한 말을 듣고 옷을 가지고 아버지의 텐트 안으로 들어갔다.

그들은 아버지를 존경했다. 그들은 아버지의 실수를 떠벌리기보다 아버지의 실수를 덮기 원했다. 그들은 아버지의 존경에 금이 가는 것을 막길 원했다.

옷을 어깨에 메었다는 것은 큰 겉옷을 가지고 갔다는 의미다. 그들은 아버지의 수치를 능히 덮을 수 있는 큰 옷을 가지고 들어갔다. 그들은 아버지에게 다가갈 때 아버지의 하체를 보지 않으려고 뒷걸음으로 다가갔다. 그들은 아버지의 실수를 쳐다보지 않았다. 이것은 아버지를 존경하는 마음을 드러내는 행위다. 이런 태도는 아버지의 실수에 대해서도 여전히 아버지를 존경하고 귀히 여기는 마음이 나타나는 행위다.

시간이 흘러 술에서 깨어난 노아는 벌어진 일의 모든 과성에 대해 상세히 알게 되었다. 그리고 그 일에 대해 저주와 축복을 아들들에게 했다. 여기서 우리는 노아가 화가 나서 함을 저주하였다고 생각해서는 안 된다. 노아가 어떤 사람인가? 노아는 의인이며 하나님과 동행하는 당대에 완전한 사람이었다. "이것이 노아의 족보니라. 노아는 의인이요 당대에 완전한 자라. 그는 하나님과 동행하였으며"(창 6:9). 노아는 600년 동안 하나님과 동행한 사람이다. 비록 그가 실수는 했지만 여전히 하나님과 동행하는 의인이었다. 그는 평소에 하나님과 동행하면서 늘 하나님의 음성을 들어왔다. 그래서 지금 아들들을 향해 예언하고 있는 것이다.

먼저 둘째 아들인 함에게 저주한다. "이에 이르되 가나안은 저주를 받아 그의 형제의 종들의 종이 되기를 원하노라 하고"(창 9:25).
어찌 부모가 자녀에게 저주할 수 있겠는가? 이것은 부모의 존경을
빼앗는 자에게 주는 성경의 준엄한 경고이다. 가나안은 함의 아들을
말한다. 위에서 함을 계속 가나안의 아버지라고 말한 이유가 여기서
드러난다. 이 일로 함은 자기 아들인 가나안이 저주를 받게 된다. 저
주는 그냥 한 번의 저주로 끝나지 않는다. 자자손손 계속 그 저주가
이어진다.

창세기 11장에 나오는 바벨탑 사건을 보라. 그 바벨탑이 세워진
시날 평지가 바로 함의 후손들이 사는 가나안이었다. 하늘에서 불이
내려와 심판을 받았던 소돔과 고모라를 보라. 그곳도 함의 후손들이
사는 가나안이었다. 함의 후손들은 저주의 후손들이 되었다. 이스라
엘 백성들이 출애굽하여 광야길을 통과한 후 여호수아가 가나안 땅
의 일곱 족속을 다 물리치는 사건이 나온다. 그 일곱 족속이 모두 함
의 후손들이었다.

함이 저지른 실수는 함 혼자 저주를 받는 것으로 끝나지 않는다.
함의 자녀들이 모두 저주를 받게 된다. 이것은 무서운 일이다. 아버
지의 죄는 자녀들에게 대물림된다는 사실을 잊어서는 안 된다. 당신
이 아버지를 존중하지 않으면 당신의 자녀들에게 죄의 물꼬를 트게
된다. 존중은 존중을 낳고 고발은 고발을 낳는다. 함이 저주를 받음
으로써 함의 후손인 가나안 전체가 다 저주를 받게 되었다.

이것은 지금도 같다. 존중이 없는 곳에는 모든 사람이 고통스러

위한다. 존중이 없는 곳에는 우울함이 있고 외로움이 있으며 분열과 죽음만 있을 뿐이다. 노아는 함의 자녀들에게 종이 될 것이라는 저주를 하였다. 그냥 종이 아니다. 종들의 종이 되는 저주였다. 이것은 자존심을 송두리째 앗아가는 우울한 삶을 말한다. 당신의 자녀들이 축복된 인생을 살기 원하는가? 그렇다면 존중을 가르쳐라. 특히 부모를 존중하지 않는 자는 그 누구도 존경받는 삶을 살 수 없다.

노아는 함에게는 저주하였지만 셈과 야벳에게는 축복을 한다.

"또 이르되 셈의 하나님 여호와를 찬송하리로다. 가나안은 셈의 종이 되고 하나님이 야벳을 창대하게 하사 셈의 장막에 거하게 하시고 가나안은 그의 종이 되게 하시기를 원하노라 하였더라"
(창 9:26-27).

아버지가 실수하였지만 아버지를 존중하고 아버지의 실수를 덮어준 두 아들에게는 하나님의 축복을 받게 했다.

셈은 하나님을 찬송하는 축복을 받는다. 하나님을 찬송한다는 것은 하나님의 모든 복을 받게 된다는 의미다. 그래서 셈에게서 아브라함이 태어나고 유다가 태어나고 다윗이 태어나고 나중에 메시아이신 예수님이 태어나신다. 야벳은 창대하게 되는 축복을 받는다. 창대함은 넓은 공간을 준다는 의미다. 그래서 야벳의 후손들이 정치, 경제, 문화를 주도하게 된다. 이처럼 부모의 실수를 덮어주고 부모를 존중하는 자에게는 큰 복이 임한다.

당신은 하나님께서 부어주시는 복을 받기 원하는가? 타인의 허물을 덮어주고 존중하는 자로 살라. 남을 존중하며 살 때 하나님께서 당신에게 복을 주실 것이다. 노아의 실수는 세 아들에게 아버지를 향한 존중에 대한 시험이었다. 평소에는 다 아버지를 존중한다. 그러나 진짜 존중은 부모가 실수했을 때 드러난다. 하나님은 이상하게 노아의 실수를 다루지 않으시고 세 아들의 행동에 대해서만 저주와 축복으로 갚아주신다.

창세기 9장은 노아가 대홍수 이후에 방주에서 나와 이 땅에서 산 삶을 기록했는데 딱 한 가지 사건만 기록했다는 점에서 매우 흥미롭다. 노아가 방주에서 나온 후 350년을 더 살았는데 왜 이 한 가지 사건만 기록하고 죽었을까? 노아의 삶에는 기록할 것이 얼마나 많았겠는가? 보통 사람은 100년 정도만 살아도 기록할 일들이 가득한데 노아는 홍수 이후 350년이나 더 살았음에도 왜 이 사건 하나만 기록하고 있을까? 성경은 의도적으로 노아의 다른 삶은 다 생략하고 이 한 가지 사건만 기록하고 있다. 이것은 강조 중에서 강조이다. 성경은 노아의 생애를 통해 이 부모 존중이 얼마나 중요한 일인지를 부각하고 있다. 노아의 홍수 이후 인류의 첫 번째 죄악은 '존중'을 버린 일이었다.

존중 한 가지만 분명하게 붙잡아도 인생이 달라진다. 존중의 가치를 깨달은 사람은 차원이 다른 인생이 시작된다. 남을 존중하는 자는 인생이 잘 풀린다. 남을 세워주는 자는 하나님께서 그 사람도 세워주신다. 그러나 남의 실수를 드러내고 욕하고 퍼뜨리는 자는 자신도 망하고 그 자녀들도 엉망이 된다. 셈, 함, 야벳의 인생은 무엇이 달랐는가? 셈, 함, 야벳 가문은 무엇이 달랐는가? 부모가 달랐는가? 실력이 달랐는가? 노력이 달랐는가? 아니다. 왜 어떤 가문은 자자손손 저주를 받고, 어떤 가문은 메시아가 태어나고, 어떤 가문은 하는 일마다 창대하게 잘되는가? 이 모든 일의 시작은 '존중'에서 비롯되었다.

현대에는 존중이라는 단어가 사라져가고 있다. 남의 실수를 지적하는 것을 좋아하고, 그 실수를 적극적으로 드러내려고 한다. 당신만이라도 남의 허물을 덮어주고 용서해주라. 남을 존중하는 자는 복을 받게 되고 남의 허물을 드러내고 퍼뜨리는 자는 결국 그 화가 자기 자신과 자녀들에게 돌아오게 된다. 그리고 남을 존중하는 사람은 다른 사람들에게 존중을 받게 된다.

존중의 시작은 부모의 존중에서 시작된다. 무엇보다 아버지를 존중하라. 아버지의 실수에도 불구하고 존중하라. 대부분 가정이 어머니와의 관계보다 아버지와의 관계에서 문제가 발생한다. 그렇다면 부모 존중은 어떻게 표현해야 하는가? 첫째로 마음을 다해 부모님을 귀히 여겨야 한다. 자주 사랑한다고 고맙다고 말씀드려라. 전화로 문자로. 당신이 지금 읽고 있는 책을 멈추고 지금 전화기를 꺼내보라. 그리고 부모님에게 사랑한다고, 부모님 덕분에 행복하다고,

아버지를 가장 존경한다고, 특히 예수님을 믿게 해주셔서 감사하다고, 어머니의 자녀로 태어나서 행복하다고 문자를 보내보라. 그리고 가까이 계신다면 찾아가서 그분들의 발도 씻겨주고 꼭 안아드려라.

두 번째로 부모님의 말씀을 경청하라. 부모님은 자녀들이 말을 잘 들어주면 행복해하신다. 경청은 당신을 존경한다는 표현이다. 경청보다 더 좋은 존경은 없다.

세 번째로 물질로 섬겨라. 파란색 돈(일만 원)을 드리지 말고 노란색 돈(오만 원)을 드려라. 부모님에게 드리는 돈은 다 나의 축복으로 돌아온다. 아낌없이 드려라.

당신의 부모님이 아직 살아계시는가? 그 부모님을 존중하라. 시간은 당신을 기다려주지 않는다. 이제 곧 부모님은 당신 곁을 떠날 것이다. 부모에게 잘하고 부모를 존중하는 그것이 당신이 이 땅에서 잘되는 비결이다.

"네 아버지와 어머니를 공경하라. 이것은 약속이 있는 첫 계명이니 이로써 네가 잘되고 땅에서 장수하리라"(엡 6:2-3).

사람들은 이 땅에서 잘되기 위해 온갖 노력은 다하면서도 부모를 향한 존중의 중요성을 배우지 않는다. 당신이 정말 이 땅에서 잘되기 원한다면 무엇보다도 먼저 부모 존중을 배워야 한다.

곁에 있는
영적인 부모를 존중하라

부모는 육체적인 부모만 있는 것이 아니라 영적인 부모도 있다. 성경은 영적인 부모를 존중하는 자가 좋은 리더로 세워짐을 기록하고 있다. 여호수아는 모세를 존중하여 모세 다음 리더로 세워졌다. 여호수아는 모세의 종으로 섬겼다. 그는 모세가 가는 곳이면 어디든지 따라다녔다. 그는 모세의 몸종이었다. 모세의 나이는 80세였고 여호수아의 나이는 40세 정도였다. 모세와 여호수아는 나이가 40년 차이가 났다. 여호수아는 모세를 자신의 아버지처럼 여기며 모세를 섬겼다. 모세가 완벽해서 섬긴 것이 아니다. 모세도 실수가 많은 사람이다. 그러나 여호수아는 모세의 실수를 보지 않았다.

목회적인 관점으로 본다면 모세는 정말 목회를 실패한 사람이다. 처음 출애굽 할 때 따라나선 장정만 60만 명, 즉 여자와 어린아이까지 포함하면 약 2~3백만 명의 사람들이 모세 곁에서 다 죽었다. 모세와 함께 목회를 시작한 백성들이 광야에서 다 죽은 것이다. 여호수아와 갈렙 두 사람만 모세 곁에 남아 있었다. 나머지 백성들은 다 광야에서 태어난 출애굽 다음세대였다.

그러나 여호수아는 모세가 목회를 실수했다고 비난하거나 모세 곁을 떠나지 않았다. 그는 모세를 일 년 섬긴 것이 아니다. 십 년 섬긴 것도 아니다. 무려 40년이나 변함없이 섬겼다. 한 사람을 40년 동안 한결같이 섬긴다는 것은 정말 훌륭한 일이다. 여호수아는 모세를 존중하기로 한 사람이었다. 당신이 목회자 곁에 있는 사람이라면 지금 결심하라. 목회자를 변함없이 존중하며 섬기겠노라고. 그럴 때 내가 축복을 받고 내 자녀가 축복을 받는다.

사무엘은 엘리 제사장을 존중하여 엘리 다음으로 이스라엘을 이끄는 영적 지도자가 되었다. 그 당시 엘리 제사장은 영성이 부족한 자였지만 사무엘은 엘리 제사장의 인격보다 엘리 제사장의 위치를 보며 그를 존중했다. 엘리 제사장은 영성에 문제가 많은 사람이었다. 그는 한나의 슬픈 기도를 보고 술 취하였다고 말하기도 했다. 어찌 제사장이 눈물의 기도와 술 취한 것을 구별하지도 못하는가? 그만큼 엘리 제사장은 영성이 없었다.

그의 자녀들은 아버지 엘리 제사장처럼 영성이 없었고 성전에서 더럽고 추한 죄들을 범하였다. 사무엘은 누구보다도 엘리 가문의 비리를 잘 알고 있었다. 그러나 그는 언제나 엘리 제사장을 존중하였고 엘리 제사장이 부르면 밤중에라도 뛰어나가 수발을 들었다. 사무엘은 엘리 제사장의 비리를 보고 그 당시 장로들을 모아 대책회의를 하지 않았다. 그는 장로들과 함께 엘리를 향해 농성하지도 않았다. 그는 여전히 엘리를 존중하고 그를 섬겼다. 그 결과 하나님은 사무엘을 엘리 제사장의 자리에 올리고 최초의 선지자가 되게 하셨다.

어떻게 사무엘은 영성 없는 엘리를 존중하는 삶을 살 수 있었을까? 바로 사무엘의 어머니 한나의 영향 때문이었다. 사무엘의 어머니 한나는 슬하에 자녀가 없어 틈만 나면 성전에 와서 울며 기도했다. 그녀는 엘리 제사장이 기도하는 모습을 본 적이 없었다. 그녀는 엘리가 영성이 없다는 사실을 알고 있었다.

하루는 그녀가 자기 설움에 북받쳐 눈물로 기도하였다. 그 모습을 본 엘리 제사장은 그녀를 술에 취하였다고 책망하였다. 한나는 자신이 기도하는 것을 보고 술 취하였다고 책망하는 엘리 제사장에 대해 화를 내거나 짜증을 부리거나 다투지 않고 겸손히 대했다. "한나가 대답하여 이르되 내 주여 그렇지 아니하니이다. 나는 마음이 슬픈 여자라. 포도주나 독주를 마신 것이 아니요. 여호와 앞에 내 심정을 통한 것뿐이오니"(삼상 1:15). 한나의 말에는 엘리 제사장을 향한 존경심이 담겨 있었다. 그녀는 엘리 제사장을 향해 "내 주여"라고 불렀다. 그녀는 엘리 제사장이 자신에 대해 나쁘게 말을 해도 자신은 여전히 공손한 태도로 엘리 제사장을 존중했다.

한나의 말을 들은 엘리 제사장은 한나를 축복해주었다.

"엘리가 대답하여 이르되 평안히 가라. 이스라엘의 하나님이 네가 기도하여 구한 것을 허락하시기를 원하노라 하니"(삼상 1:17).

엘리의 짧은 기도가 곧 응답되어 한나는 사무엘을 임신하게 되었다. 이처럼 남을 존중하는 자는 축복을 받게 되어 있다. 이런 어머니 한나를 통해 사무엘은 존중을 배웠다. 가장 좋은 인생은 부모에게서 '존중'을 배우는 것이다.

다윗은 사울왕을 존중하여 사울왕 다음으로 이스라엘의 왕이 되었다. 사울왕은 다윗을 시기하여 죽이려고 하였지만 다윗은 단 한 번도 사울을 죽이려고 하지 않았다. 끝까지 하나님께서 기름 부은 자라고 그를 존중해주었다. "내가 손을 들어 여호와의 기름 부음 받은 자를 치는 것을 여호와께서 금하시나니 너는 그의 머리 곁에 있는 창과 물병만 가지고 가자 하고"(삼상 26:11). 만약 다윗이 사울왕을 죽였다면 그는 반역자가 되어 영원히 왕이 되지 못했을 것이다.

당신의 인생에 사울왕과 같은 존재가 나타나면 일종의 존중에 대한 테스트라고 여겨라. 하나님은 당신의 삶에 사울왕을 세워 당신의 신앙을 테스트하신다. 다윗은 정말 사울왕을 존중하였다. 심지어 사울왕이 죽었을 때도 여전히 그를 존중하였다. 한 군인이 와서 다윗의 숙적인 사울왕을 자신이 죽였노라고 보고하자, 다윗은 슬퍼하면서 즉시 그 군인을 죽여버렸다. 비록 사울왕이 자신을 죽이려고 한 나쁜 왕이었음에도 다윗은 하나님을 바라보면서 사울왕을 존중하였다.

엘리사는 엘리야를 존중하여 엘리야보다 갑절의 영감을 받게 되었다. 엘리사는 엘리야가 하늘로 갈 때 엘리야를 부르는 호칭이 내 아버지였다. "엘리사가 보고 소리 지르되 내 아버지여 내 아버지여 이스라엘의 병거와 그 마병이여 하더니"(왕하 2:12). 그는 정말 엘리야를 친아버지처럼 따르고 존중하였다. 그래서 엘리사는 엘리야보다 갑절의 영성을 물려받게 되었다.

엘리사는 엘리야보다 더 큰 능력을 나타내었다. 엘리사가 잘한 일은 엘리야를 끝까지 존중하였다는 것이다. 존중의 법칙을 아는 자는 존중으로 인하여 큰 복을 받게 된다. 존중의 법칙을 모르는 자는 내 기분으로 함부로 행동하여 인생에 아주 큰 어려움을 겪게 된다.

모세 주위에는 레위의 증손인 고라가 있었다. 그는 성막에서 수종드는 일을 하였고 그 자손들은 성전에서 찬송을 부르는 일을 맡았다. 그는 출애굽하여 광야길을 가는 동안 모세가 아무런 대책이 없음을 알고 불평하기 시작하였다. 정말 모세는 내일에 대한 아무런 청사진이 없는 자였다. 그저 기도만 하고 하나님의 말씀대로 하루하루 움직이는 자였다.

고라가 볼 때 모세는 무능한 리더였고 무책임한 리더였다. 그래서 그는 모세를 신뢰할 수 없었다. 그는 모세를 향한 존경심이 하나도 없었다. 결국 그는 르우벤 자손 다단과 아비람, 그리고 온과 함께 당을 지어 모세를 공격했다. 이상하게 반항적인 사람들은 혼자 작당하지 않고 꼭 당을 만든다. 그들이 당을 지은 이유는 혼자서 반역하면 힘이 없으므로 당을 지어 자신도 보호받고 무리가 주는 힘도 가지려는 속셈이다.

그러나 하나님은 하나님께서 세우신 리더를 향한 공격을 그냥 내버려 두지 않으신다. 고라를 따르는 250명의 사람은 땅이 갈라져 그곳으로 떨어져 죽고 말았다. 여기에 죽은 250명은 모두 모세 바로 곁에 있던 자들이었다. 주로 리더 곁에 있는 사람들이 리더에 대한 존경을 잃을 때가 많다.

당신이 리더 곁에 있는가? 그렇다면 당신의 리더를 존경하라. 당신의 리더가 좋은 인격을 가졌기 때문에 존경하라는 것이 아니라 그가 당신의 리더라는 위치에 있으므로 존경하라는 것이다. 평소에 리더를 존경하기는 쉽다. 그러나 리더에게 문제가 생겼을 때 존경하는 것이 더욱 어려운 일이다.

어느 날, 모세는 이방여인과 결혼하여 가족들에게 비난을 받게 된다. 특히 누나인 미리암은 모세의 결혼을 강력하게 반대하였다. 모세가 잘못한 것이 맞다. 그러나 하나님은 모세를 책망하시기보다 미리암을 문둥병에 걸리게 하셨다. 참 이해하기 어려운 사건이지만 하나님은 하나님께서 세우신 자를 조롱하고 비난하고 깎아내리는 일을 싫어하신다.

이처럼 진짜 존경은 어려울 때 드러난다. 리더가 잘못하고 있다고 느낄 때 쉽게 비난하면 안 된다. 여전히 존경하는 마음으로 의견을 좋은 그릇에 담아 표현하는 것이 옳다. 무조건 엎드리라는 것이 아니다. 의견은 얼마든지 표현할 수 있다. 그러나 그 의견에도 존중의 마음을 담아 의견을 내놓아야 한다. 윗사람은 아랫사람에게 존중 받고 있다고 느낄 때 마음이 열린다.

요즘 젊은이들은 장로들을 존중하거나 장로들에게 순종하지 않는 경향이 있다. 존중과 순종을 귀찮은 용어로만 생각한다. 이것은 옳은 일이 아니다. 존중은 우리의 인생을 부유하게 하고 하나님의 은혜를 받게 한다. 당신이 정말 하나님으로부터 은혜를 받길 원하는가? 그렇다면 겸손하라. 겸손은 하나님의 모든 은혜를 받는 통로이다. 세상의 모든 물이 바다로 모이는 이유는 바다가 가장 낮기 때문이다. 하나님은 겸손한 자에게 은혜를 부어주신다. 존중은 위로부터 부어지는 축복을 여는 문이다. 특히 당신의 윗사람을 존중하라. 왜냐하면 그 윗사람의 위치를 하나님께서 허락하셨기 때문이다.

성경은 장로 중에도 특별히 가르치는 장로는 더욱 존경하라고 말씀하고 있다. "잘 다스리는 장로들은 배나 존경할 자로 알되 말씀과 가르침에 수고하는 이들에게는 더욱 그리할 것이니라. 성경에 일렀으되 곡식을 밟아 떠는 소의 입에 망을 씌우지 말라 하였고 또 일꾼이 그 삯을 받는 것은 마땅하다 하였느니라"(딤전 5:17-18). 혹시 이 글을 읽는 것이 마음에 불편하다면 그런 사람은 존중의 법칙을 다시 한번 마음에 새기기를 바란다. 존중 없는 순종은 의미 없는 몸짓일 뿐이다.

사도행전 10장에 나오는 로마의 백부장 고넬료 장군은 사회적으로 높은 위치에 있는 사람이었다. 그러나 그는 신분을 초월하여 남루한 갈릴리 어부 베드로가 자기 집에 들어왔을 때 땅에 엎드려 절하였다. "마침 베드로가 들어올 때에 고넬료가 맞아 발 앞에 엎드리어 절하니"(행 10:25). 이것은 고넬료가 베드로를 향한 극 존경을 표현한 것이다. 그 당시 시대 상황으로는 절대 있을 수 없는 일이었다.

당시 유대 땅은 로마인들이 지배하고 있었다. 유대 땅은 로마의 식민지였다. 만약 이런 백부장의 행동이 로마에 보고되었다면 그는 장군이라는 보직에서 해임될 수도 있는 행위였다. 그런데도 그는 베드로 앞에 엎드렸다. 하나님은 이렇게 겸손한 고넬료 가정에 성령을 충만하게 부어주셨다. 하나님은 존중하는 자에게 결코 은혜 베풀기를 잊지 않으신다.

예수님의 말씀을 들어보자.

"너희를 영접하는 자는 나를 영접하는 것이요. 나를 영접하는 자는 나를 보내신 이를 영접하는 것이니라. 선지자의 이름으로 선지자를 영접하는 자는 선지자의 상을 받을 것이요. 의인의 이름으로 의인을 영접하는 자는 의인의 상을 받을 것이요. 또 누구든지 제자의 이름으로 이 작은 자 중 하나에게 냉수 한 그릇이라도 주는 자는 내가 진실로 너희에게 이르노니 그 사람이 결단코 상을 잃지 아니하리라 하시니라"(마 10:40-42).

존중에는 하늘에게서 오는 보상이 있다. 당신이 교회의 지도자들을 존중하려면 그 사람을 보지 말고 하나님을 바라봐야 한다. 진짜 존중은 하나님을 경외하는 마음에서 나온다. 존중하는 사람은 계속 존경받는 삶을 살게 될 것이고 불평하고 비난하는 사람은 계속 불평하는 삶을 살게 될 것이다.

초대교회가 시작된 장소는 마가의 다락방이다. 이 마가의 다락방에서 120명의 성도가 10일 동안 먹고 자고 하면서 성령을 기다렸다. 그런데 이 집의 주인인 마가의 어머니 마리아는 120명의 성도를 불평 없이 수발들었다. 그녀는 초대교회를 위해 자신의 집을 내놓은 믿음 좋은 여성이었다. 그녀는 누구보다도 초대교회 지도자들을 존경하였다. 그녀는 초대교회에 필요한 모든 것을 섬겼다.

그녀의 집에는 베드로가 자주 드나들었다. 그녀의 아들 마가는 베드로를 좋아했다. 어린 마가가 베드로를 좋아한 것은 어머니인 마리아가 베드로를 존경하였기 때문이다. 베드로는 어린 마가를 데리고 다니며 말씀을 전하였다. 베드로는 이 마가를 자기 아들이라고 여길 정도로 사랑하였다. "택하심을 함께 받은 바벨론에 있는 교회가 너희에게 문안하고 내 아들 마가도 그리하느니라"(벧전 5:13). 결국 이 마가가 사복음서 중에 가장 먼저 기록된 마가복음을 기록하는 믿음의 사람이 되었다. 만약 마가복음이 없었다면 마태복음과 누가복음도 기록되지 않았을 수도 있다. 이처럼 하나님은 존중이 흐르는

모든 교인은 교회의 리더다

가정에 큰 인물이 나오게 하신다.

그렇다면 우리는 왜 목회자를 존중해야 하는가? 결론부터 말하자면 모든 것이 다 '나'를 위함이다. 목회자를 존중하지 않으면 일단 주일 설교가 들리지 않는다. 주일 설교가 들리지 않으면 내가 가장 큰 손해를 본다. 내가 목회자를 존중하지 않으면 가정에서 식탁 대화를 하는 중이나 승용차에서 부부와 대화를 하는 중에 목회자를 향한 불평의 소리가 나오게 된다. 그러면 그런 말을 듣는 자녀들은 모두 목회자를 싫어하게 된다. 결국 자녀들의 믿음까지도 흔들어 놓게 된다.

많은 교회 중직자의 자녀들이 교회를 떠나는 것은 바로 이런 이유로 말미암음이다. 즉 목회자에 대한 존경을 잃었기 때문이다. 목회자를 존중하지 않으면 목회자도 큰 상처를 입는다. 목회자는 존중을 먹고 사는 사람이다. 목회자는 존중이 없는 곳에서 더는 사역하고 싶어 하지 않는다. 예수님도 자신을 존중하지 않는 곳에서는 사역도 제한받으셨다. "예수께서 그들에게 이르시되 선지자가 자기 고향과 자기 친척과 자기 집 외에서는 존경을 받지 못함이 없느니라 하시며 거기서는 아무 권능도 행하실 수 없어 다만 소수의 병자에게 안수하여 고치실 뿐이었고"(막 6:4-5).

여기에서 '존중'이라는 말은 헬라어로 '티마'이며 '중요시함'이라는 의미다. 그런즉 '존중'은 '상대방을 중요하게 여기는 것, 우호적인 대우, 진가를 인정함'이라는 뜻이 있다. 예수님의 사역을 연구해보면 예수님이 가시는 곳마다 엄청난 기적을 행하셨다. 예수님이 한 동네에 도착하면 그 동네에 모든 병든 자, 귀신들린 자들이 다 몰려와서 치유함을 받았다. 그런데 유독 나사렛에서는 예수님이 한두 사람의 병만 고치셨다. 성경을 자세히 보면 예수님이 그냥 병을 고치지 않으셨다고 기록하지 않고 병을 고치실 수 없었다고 기록하고 있다. 이것을 우리는 주목해야 한다. "거기서는 아무 권능도 행하실 수 없어 다만 소수의 병자에게 안수하여 고치실 뿐이었고"(막 6:5).

그렇다면 왜 예수님께서 나사렛에서는 아무런 권능도 행하실 수 없었는가? 그 이유는 존경을 받지 못함이라고 말씀하고 있다. "예수께서 그들에게 이르시되 선지자가 자기 고향과 자기 친척과 자기 집 외에서는 존경을 받지 못함이 없느니라 하시며"(막 6:4). 예수님은 예수님을 존경하지 않고 무시하는 자들에게서는 아무런 능력도 행하실 수 없었다. 나사렛 동네 사람들은 예수님을 보고 "응, 저 사람은 목수의 아들 예수잖아. 저 사람은 우리 아들과 함께 자랐어. 저 예수의 아버지는 내 친구야. 내가 잘 알아. 저 예수가 무슨 기적을 일으키겠어."

그들은 예수님을 가볍게 여겼다. 그들은 예수님을 무시하였다. 그들은 예수님을 존중하지 않았다. 그들은 예수님을 귀하게 여기지 않았다. 그들은 예수님과 그렇게 가까이 있었지만 아무런 은혜도 받지 못했다. 정말 나사렛 동네 사람들은 예수님 당시 이스라엘 사람 중에 가장 비극적인 사람들이 되었다. 예수님을 바로 곁에 모시고도 아무런 기적도, 아무런 치유도 받지 못했으니 말이다. 교회에도 이런 사람들이 많다. 똑같이 교회를 다녀도, 똑같은 설교를 들어도 목회자를 향한 존중이 없는 사람은 아무런 은혜를 받지 못한다. 참으로 불쌍한 그리스도인이다.

존경을 받지 못하는 목회자는 아무 일도 할 수 없다. 성도는 목회자를 세워주어야 한다. 성도는 목회자를 격려해주어야 한다. 교인들은 목회자가 가지고 있는 은사가 불일 듯 일어나도록 힘을 보태야 한다. 목회자의 열정을 빼앗아가는 것은 사탄의 일이다.

가톨릭에는 그들의 목회자를 부르는 호칭이 '파더'이다. 그들은 우리 기독교인들이 사용하는 목회자를 향한 호칭이 다르므로 절대로 신부들의 비리나 실수에 대해 왈가왈부하지 않는다. 불교에서는 중들을 향한 호칭이 '스님'이다. 아예 호칭 자체에 '님'자가 들어가 있다. 그런데 우리 기독교에서는 목사라는 말이 너무 쉽게 나온다. 내 입에서 '목사님'이라는 호칭이 사라지고 '목사'라는 말이 나오기 시작하면 벌써 위험하다는 사인이다.

서양에서는 개인의 인권을 존중하여 아버지를 부를 때도 바로 아버지의 이름을 부른다. 서양의 최고 약점이 바로 윗사람을 향한 존중이 없다는 것이다. 동양에는 존중이 인간관계의 기본이다. 그러나 지금 우리에게 큰 축복으로 남아 있던 존중이 사라져가고 있다. 다시 존중을 회복해야 한다. 당신의 집에서 존중이 회복되고 당신이 다니는 하나님의 집에서 존중이 회복되어야 한다.

스가랴서를 공부해보면 바벨론 70년 포로생활을 마치고 예루살렘으로 돌아온 이스라엘 백성들을 향한 하나님의 위로와 회복의 말씀이 나온다. 이미 다 무너져버리고 황폐해진 예루살렘성과 예루살렘 성전을 재건하라고 말씀하시면서 8가지 환상을 보여주신다. 하나님은 스가랴서 곳곳에서 희망을 주신다. 나중에는 앞으로 오실 예수님에 대한 희망도 말씀하시고 마지막에는 예수님 재림에 대한 희망도 말씀해주신다.

그리고 스가랴서 마지막장 마지막 절에서는 아주 특별한 말씀을 하신다. "예루살렘과 유다의 모든 솥이 만군의 여호와의 성물이 될 것인즉 제사드리는 자가 와서 이 솥을 가져다가 그것으로 고기를 삶으리라. 그날에는 만군의 여호와의 전에 가나안 사람이 다시 있지 아니하리라"(슥 14:21). 이 구절은 예수님께서 재림하실 때 예루살렘에 있는 모든 것이 거룩하게 될 것을 예언하신 것인데, 동시에 그날에는 가나안 사람이 다시는 있지 아니할 것이라고 말씀하고 있다.

여기서 우리는 가나안 사람이 무엇인지 생각해야 한다. 가나안 사람은 존경을 버린 자의 후손이다. 가나안 사람은 반항적이고 부정적이며 거역하는 자들이다. 존경을 버리는 일을 결코 가볍게 여겨서는 안 된다.

노아는 아담 다음으로 두 번째 인류의 시조이다. 성경은 그의 인생을 통해 딱 한 가지를 강조하고 있다. 존중이 자녀들의 미래를 결

모든 교인은 교회의 리더다

정한다. 존중이 가문의 미래를 결정한다. 당신의 자녀들에게 그 무엇보다도 존중의 중요성을 몸으로 보여주고 가르쳐라. 윗사람을 존중하는 자는 도미노처럼 인생 전체가 꼬리에 꼬리를 물고 은혜가 따라온다. 반면에 존중 대신 고발하고 불평을 터뜨리는 자는 존중을 받지 못할뿐더러 인생 전체가 부정적으로 되고 만다. 주위 사람들을 향해 존중을 잘하는 사람일수록 성공할 확률이 높고 주위 사람들을 비난하는 사람일수록 패배할 확률이 높다.

매 순간 존중의 씨앗을 뿌려라. 최고의 길이 열릴 것이다. 존중은 내 쪽에서 먼저 하는 것이다. "형제를 사랑하여 서로 우애하고 존경하기를 서로 먼저 하며"(롬 12:10). 먼저 상대방을 존중하는 자로 살라. 그럴 때 모든 관계가 좋아진다. 특히 교회생활을 하는 성도들은 내 주위에 있는 사람들을 내가 먼저 존중하라. 그럴 때 은혜가 넘친다. 당신은 주위의 사람들을 존경하는 사람인가? 그렇다면 당신은 참 좋은 리더이다.

"너희가 즐겨 순종하면 땅의 아름다운 소산을 먹을 것이요"
(사 1:19).

인생을 사는 데는 지혜가 필요하다. 우리의 과거를 되돌아보면 어려서 어리석은 결정을 하여 평생 후회하는 일들이 있다. 그래서 전도서는 지혜로운 인생을 사는 데 큰 도움이 된다. 솔로몬은 전도서 1장에서 6장까지 인생의 허무를 말한다. 그리고 7장에서 12장까지는 인생이 허무하지 않으려면 어떻게 해야 하는지 그의 지혜를 들려준다.

7장에서는 하루하루를 진지하게 살라, 즉 최고의 날을 만들라고 하였다. 그것이 인생을 잘사는 지혜다. 8장에서는 권위에 대한 말을

모든 교인은 교회의 리더다

적고 있다. 그가 느닷없이 권위에 대한 말을 하는 것은 인생에는 수많은 권위자를 만나기 때문이다. 우리는 태어나는 순간부터 권위자를 만난다. 가정에 태어난 아이는 부모라는 권위자를 만나고, 학교에 들어가면 선생님이라는 권위자를 만나며, 회사에 들어가면 직장 상사라는 권위자를 만난다. 사람은 태어나서 죽는 순간까지 권위자를 만난다. 윗사람과 관계를 좋게 만들 줄 아는 사람은 인생이 참 잘 풀린다. 그러나 윗사람과 관계가 나쁜 사람은 모든 것이 꼬이기 시작한다. 우리 인생에 나타나는 권위자와 좋은 관계를 만드는 지혜가 필요하다.

솔로몬은 사람이 지혜를 가지면 얼굴에 광채가 난다고 했다. "누가 지혜자와 같으며 누가 사물의 이치를 아는 자이냐. 사람의 지혜는 그의 얼굴에 광채가 나게 하나니 그의 얼굴의 사나운 것이 변하느니라"(전 8:1). 인생에 나타나는 수많은 권위자를 어떻게 대해야 하는지 아는 사람은 얼굴에 광채가 나는 것 같은 인생을 살게 될 것이다. 그렇다면 우리는 인생에 나타나는 권위자들을 어떻게 대해야 할까?

누구든지 권위자에게 순종하라

"내가 권하노라. 왕의 명령을 지키라. 이미 하나님을 가리켜 맹

세하였음이니라. 왕 앞에서 물러가기를 급하게 하지 말며 악한 것을 일삼지 말라. 왕은 자기가 하고자 하는 것을 다 행함이니라. 왕의 말은 권능이 있나니 누가 그에게 이르기를 왕께서 무엇을 하시나이까 할 수 있으랴"(전 8:2-4). 이 구절을 조금씩 나누어서 살펴보자.

"내가 권하노라. 왕의 명령을 지키라. 이미 하나님을 가리켜 맹세하였음이니라"(2절). 여기에 왕은 꼭 왕이라기보다 우리 인생에 나타나는 권위자를 말한다. 그 권위자의 말에 순종하라는 뜻이다.

"왕 앞에서 물러가기를 급하게 하지 말며 악한 것을 일삼지 말라. 왕은 자기가 하고자 하는 것을 다 행함이니라"(3절). "왕 앞에서 급하게 물러나지 말라"는 것은 왕 앞에 경솔하게 행동하거나 충동적인 사표를 쓰지 말라는 것이다. "악한 것을 일삼지 말라"는 것은 왕의 명령이 마음에 안 든다고 왕에게 정면 도전을 하거나 왕을 해칠 음모를 꾸미지 말라는 것이다.

"왕의 말은 권능이 있나니 누가 그에게 이르기를 왕께서 무엇을 하시나이까 할 수 있으랴"(4절). 이 말씀도 왕에게는 그 누구도 흔들 수 없는 힘이 있음을 말하고 왕을 존경하라는 뜻이다. 여기에 등장하는 왕이라는 자는 바로 내 위에 나타나는 권위자를 말한다. 우리 인생에 나타나는 권위자와 관계를 좋게 만드는 것은 다름 아닌 순종이다. 순종이라는 것은 내 생각과 다를 때 그냥 윗사람의 말에 따르는 것이다.

순종은 내 생각과 내 주장을 버리고
명령에 따르는 것이다.

이 순종은 부모에게서 배우는 것이 가장 좋다. 부모에게서 순종을 배운 자는 회사에서 순종을 배우지 않아도 된다. 부모에게서 순종을 배우지 못한 자는 나중에 학교나 회사에서 순종을 배울 때 고통스러운 대가를 치르며 배운다. 부모가 자녀에게 제일 먼저 가르쳐야 하는 것이 순종이다. 순종을 배우지 못한 자녀는 부모에게서 그무엇도 배울 수 없다. 당신이 자녀를 둔 부모라면 당신의 자녀들에게 무엇보다 제일 먼저 순종을 가르쳐야 한다.

하나님은 우리에게 인생을 바로 사는 방법으로 십계명을 주셨다. 그 십계명에 제1~4계명은 하나님에 대한 계명이고, 제5~10계명은 사람에 대한 계명이다. 그 사람에 대한 첫 번째 계명이 부모에게 공경하라는 것이다. 에베소서 6장 1절에서는 "자녀들아 주 안에서 너희 부모에게 순종하라. 이것이 옳으니라"고 말씀하고 있다. 부모에게 순종하지 않는 자는 인간관계의 가장 기초를 배우지 못한 것이다. 순종을 배우지 못한 자는 무슨 일을 해도 꼬인다. 지금 잘되는 것 같아도 결국에는 잘되지 않는다.

에덴동산에서 아담과 하와가 쫓겨난 이유가 무엇인가? 살인인가? 간음인가? 강도인가? 도둑질인가? 아니다. 바로 별것 아니라고 생각하는 '불순종'이다. 불순종은 작은 문제가 아니다. 불순종 안에는 살인, 간음, 강도, 도둑질, 불의, 추악, 탐욕 등 모든 죄악이 다 들어 있다. 우리는 먼저 불순종이 굉장히 무서운 죄라는 사실을 알아야 한다. 암에 걸린 자들이 치유되려면 먼저 암의 심각성을 알아야 한다. 자신의 몸이 심각한 암에 걸렸는데도 계속 그냥 감기려니 하고 있으면 나중에 큰 고통을 당한다. 마찬가지로 불순종이 정말 무서운 죄라는 사실을 깨달아야 한다. 정말 무서운 것은 자신이 지금 불순종하고 있거나 반항적이라는 사실을 모른다는 점이다. 당신의 삶이 다시 회복되려면 순종의 삶을 살아야 한다.

현대인들은 순종이라는 단어 자체를 싫어한다. 우리는 지금 탈권위의 시대에 살고 있다. 권위에 대해 가르쳐주는 곳이 없다. 그러나 인생은 내 마음대로 살면 안 된다. 인생에는 인생을 사는 인생 사용설명서가 필요하다. 그 인생 사용설명서가 성경 말씀이다. 성경은 순종을 모르는 인생에 큰 어려움이 온다고 말씀하고 있다. 순종에 대한 말씀은 하나님의 말씀이니 우리를 이 말씀을 들어야 하고 이 말씀대로 살아야 한다.

예방주사가 아픈 것은 알지만 더 큰 아픔을 당하지 않으려면 주사를 맞아야 한다. 인생을 내 생각대로만 살면 나중에 일생을 마칠 때 큰 후회를 하게 된다. 당신의 인생에 왕으로 등장하는 권위자의 명령에 순종하라. 그것이 당신의 얼굴에 광채가 나게 해줄 것이다.

그러나 인생의 왕으로 등장하는 자에게 순종하여야 한다는 말에는 한 가지 조심해야 할 것이 있다. 윗사람이라고 해서 무조건 다 순종해야 하는 것은 아니다. 아무리 윗사람이라고 해도 죄를 명령한다면 우리는 지혜롭게 거절해야 한다.

출애굽기 1장에 보면 애굽의 바로 왕이 이스라엘 사람들의 숫자가 많아지자 이스라엘의 모든 산파에게 히브리인 남자아기가 태어나면 죽이라고 명령한다. 그때 히브리 산파들은 바로 왕의 명령을 거절하고 모세가 태어나게 하였다. 다니엘서 3장에 보면 사드락과 메삭과 아벳느고는 우상에게 절하라는 명령에 불순종하여 풀무불 속에 들어갔다. 사도행전 4장에 보면 그 당시 종교지도자이며 유대인들의 권위자인 산헤드린 공회원들이 예수 이름으로 전도하는 것을 금하였지만, 베드로와 요한은 "너희들의 말을 들으랴, 하나님의 말씀을 들으랴" 하며 담대히 말씀을 전하였다. 이런 사례를 보면서 권위자에게 순종하되 죄에는 순종하지 않아야 한다는 결론을 내릴 수 있다.

권위자에게 순종하는 자에겐 복이 있다

"명령을 지키는 자는 불행을 알지 못하리라. 지혜자의 마음은 때와 판단을 분변하나니 무슨 일에든지 때와 판단이 있으므로 사람에게 임하는 화가 심함이니라. 사람이 장래 일을 알지 못하나니 장래 일을 가르칠 자가 누구이랴. 바람을 주장하여 바람을 움직이게 할 사람도 없고 죽는 날을 주장할 사람도 없으며 전쟁할 때를 모면할 사람도 없으니 악이 그의 주민들을 건져낼 수는 없느니라"(전 8:5-8). 이 말씀은 한마디로 사람의 미래를 알지 못하기에 지금 순종하면 복이 되고 알지 못하는 은혜가 있다는 말씀이다. 사람은 그 누구도 미래를 알지 못한다. 사람의 미래는 인간의 능력을 넘어서는 신비다. 우리는 우리에게 부는 바람을 통제할 능력이 없고 죽음도 내 마음대로 할 수 없다. 그런데 분명한 것은 순종하는 자에게는 복이 있다는 사실이다.

미국에 한 방송국에서 일하는 뉴스 앵커에게 갑자기 위로부터 지금 하는 방송을 중단하고 스포츠 방송기자를 하라는 명령이 떨어졌다. 그는 너무나 황당했다. 왜냐하면 그는 20여 년 방송국에 근무하면서 한 번도 스포츠 방송을 해본 적이 없었기 때문이다.

회사를 그만둘까 고민도 해보았지만 위에서 내려온 명령이니 할 수 있는 만큼 해보자는 각오로 모든 스포츠 경기 규칙을 배우고, 운동선수들의 이름을 외우기 시작했다. 그는 처음에는 불평으로 시작했지만 위의 권위에 순종하였다. 그 결과 얼마 후 그는 이사회로부터 사장으로 승격되었다. 인생은 참 묘하다.

우리가 왜 부당한 권위자들에게 순종해야 하는가? 그 권위자를 하나님께서 세우셨기 때문이다. 인생의 미래는 하나님의 손에 달려 있다. 우리는 우리의 미래를 모른다. 지금 내가 옳다고 생각한 것이 정말 옳은 것이 아닐 수 있다. 누가 장래 일을 알겠는가? "사람이 장래 일을 알지 못하나니"(전 8:7). 누가 바람의 길을 알겠는가? "바람을 주장하여 바람을 움직이게 할 사람도 없고"(전 8:8). 누가 죽음의 때를 알겠는가? "죽는 날을 주장할 사람도 없으며"(전 8:8).

사사기에 보면 삼손이 블레셋 사람들에게 수수께끼를 하나 내는 장면이 나온다. "강한 자에게서 단 것이 나왔느니라"(삿 14:14). 블레셋 사람들이 이 수수께끼가 무엇인지 알 수가 없었다. 이 수수께끼는 오늘날 이 시대를 사는 우리에게도 해당한다. 물론 답은 사자에게서 꿀이 나온 것이다. 우리 인생에 강한 자가 바로 권위자다. 그 권위자에게서 단 꿀이 나온다. 당신의 인생 위에 있는 권위자에게 순종하라. 그것이 당신의 인생을 부유한 길로 가게 해줄 것이다.

나는 이것을 일찍 알았더라면 정말 후회되지 않는 삶을 살았을 것이다. 내 인생에 정말 크게 후회되는 일이 하나 있다. 나는 1994년부터 서울에 있는 대형교회의 부목사로 섬겼다. 그때 나는 청년부 6개 중에서 60명 정도 되는 한 부서를 맡았다. 그런데 내가 맡은 청년 부서가 1년 만에 200명이 되었다. 그러자 담임목사님이 나에게 청년부 전체를 맡겨주었다.

청년부 전체 모임 첫날 400명 정도가 모였다. 그 후 3년 만에 청년부가 2천 명이 되었다. 그러자 담임목사님은 나에게 청년부를 내려놓고 교구로 가라고 하였다. 나는 그때 담임목사님의 결정을 이해할 수가 없었다. 그래서 나는 청년부를 내려놓고 미국으로 유학을 떠났다. 지금 생각해 보니 내 인생에서 큰 실수를 하였다. 나는 그때만 해도 순종이 실력이라는 사실을 알지 못했다.

그래서 가끔 젊은이들에게 회사에서 윗사람과 갈등하지 말라고 하면 목사님이 우리 직장상사를 몰라서 그렇다고 하는 사람들이 있다. 아니다. 당신의 직장상사가 성품이 좋든 나쁘든 그것은 당신의 몫이 아니다. 당신은 그냥 그 상사에게 좋은 태도로 순종하기만 하면 된다. 그것이 당신의 인생에 좋은 길을 열어줄 것이다.

젊은이들이 저지르는 가장 큰 실수는 윗사람에 대한 순종은 윗사람의 인격과 위치를 혼동하는 것이다. 내 직장상사는 내 위에 있는 자이다. 그 사람의 위치를 보아야 한다. 우리는 가끔 위치보다 그 사람의 인격을 보고 내 위치를 망각하는 실수를 범할 때가 있다. 내 윗사람의 인격은 내가 바꿀 수 있는 것이 아니다. 내 윗사람에게 내가 해야 할 일은 순종하는 것뿐이다. 그 사람의 인격은 하나님께서 다루실 것이다. 나는 단지 그 사람의 말에 순종하는 위치에 있다.

성경에 나오는 거장들은 인생에 다 나쁜 왕들을 섬겼다. 요셉은 애굽의 악한 바로 왕을 섬겼다. 요셉은 애굽 바로 왕이 악하다고 아무렇게나 섬기지 않았다. 그는 왕에게 순복하는 삶을 살았다. 느헤미야는 페르시아의 폭군인 아닥사스다 왕을 섬겼다. 그는 왕의 신임을 전적으로 받는 충실한 종으로 섬겼다. 다니엘은 바벨론의 폭군인

모든 교인은 교회의 리더다

느부갓네살 왕을 충성스럽게 섬겼다. 이들의 왕들은 다 이방의 왕이 었고 폭군들이었으며, 괴팍한 성격에 날마다 술잔치를 하는 악한 왕들이다. 그러나 그들은 왕 앞에 늘 순종하는 삶을 살았다.

사도 바울은 로마서에서 믿음의 중요성을 강조한다. 그는 로마서 1장에서 11장까지 믿음으로 구원받는다는 말씀을 한다. 그리고 믿음으로 구원받은 우리는 이제 삶의 예배를 드려야 함을 로마서 12장에서 강조한다.

"그러므로 형제들아 내가 하나님의 모든 자비하심으로 너희를 권하노니 너희 몸을 하나님이 기뻐하시는 거룩한 산 제물로 드리라. 이는 너희가 드릴 영적 예배니라"(롬 12:1).

그다음 로마서 13장에서는 믿음으로 구원받은 우리가 삶의 예배를 드리고 권위자에게 순복할 것을 말씀한다.

"각 사람은 위에 있는 권세들에게 복종하라. 권세는 하나님으로부터 나지 않음이 없나니 모든 권세는 다 하나님께서 정하신 바라"(롬 13:1).

전도서에서도 5장에서는 삶의 예배를 말씀하고, 8장에서는 권위자에게 순종할 것을 말씀한다. 성경은 구약이나 신약이나 다 똑같은 말씀을 하고 있다. 당신이 믿음을 가진 자라면 권위자에게 순종하라. 왜냐하면 그 권위가 하나님에게서 나왔기 때문이다.

권위자에게 순종하는 것이 어렵고 때로는 억울할 수도 있다. 요셉은 억울하게 보디발 부인의 거짓 증언으로 감옥에 가게 되었다. 그때 요셉이 마지막으로 할 말이 있다며 보디발에게 이런 말을 했다면 어떻게 되었을까? "보디발 주인이시오, 마지막으로 한마디 하겠는데 당신 부인은 끼 있는 여자입니다. 부인을 조심하세요." 아마 보디발은 그 자리에서 요셉을 죽였을 것이다. 요셉이 그나마 평범한 감옥에 가지 않고 정치범들이 수용되는 감옥에 갈 수 있었던 것은 보디발의 배려였을 것이다.

때로는 당신의 삶의 권위자가 사울왕처럼 폭군일 수도 있다. 다윗은 자신이 골리앗을 죽였다는 이유로 사울왕의 미움을 받아 약 13~15년을 들판으로 동굴로 도망 다니며 살아야 했다. 그러나 그는 단 한 번도 사울왕을 공격하거나 죽이려 하지 않았다. 그렇게 함으로써 하나님을 경외한 것이다. 그가 사울왕을 끝까지 존중하였기에 하나님께서 나중에 다윗을 왕의 자리로 옮겨주셨다. 당신에게 나쁜 상사가 나타났을 때 창을 던지지 마라.

그렇다면 우리가 하나님의 말씀에 순종하는 마음으로, 윗사람에게 순종함으로써 하나님을 경외하면 어떻게 되는가? "너희가 즐겨 순종하면 땅의 아름다운 소산을 먹을 것이요"(사 1:19). 순종은 억지로 하지 말고 즐겨 해야 한다. 그렇게 하면 이 땅에 사는 동안 아름다운 소산을 먹을 것이다. 인생을 살다 보면 우리 인생에 나타나는 권위자가 좋은 자도 있고 사울처럼 견디기 어려운 자도 있을 것이다.

당신의 인생에 사울 같은 악한 권위자가 나타날 때 싸우지 마라. 그 권위자가 창을 던질 때 같이 창을 던지지 마라. 하나님은 우리 인생에 사울 같은 권위자를 올려놓고 우리를 테스트하신다. 당신의 삶에 나타난 권위자와 다투지 마라. 정말 그 권위자를 견디지 못하면 조용히 물러나는 것이 지혜다. 당신 삶에 허락된 권위자에게 순종함으로써 하나님을 경외하라. 하나님을 경외하는 그 사람의 인생은 형통할 것이다.

전도서 8장의 결론은 12~13절 말씀이다. "또한 내가 아노니 하나님을 경외하여 그를 경외하는 자들은 잘될 것이요. 악인은 잘되지 못하며 장수하지 못하고 그날이 그림자와 같으리니 이는 하나님을 경외하지 아니함이니라."

지금까지는 권위자들에게 순종하라는 말씀을 나누었다. 지금 혹시 당신이 권위자의 자리에 있는가? 당신이 부모의 자리, 직장상사의 자리, 교회 중직자의 자리에 있는가? 그것이 권위자의 자리다. 권위의 자리는 나의 노력으로 생긴 것이 아니라 하나님의 은혜로 하나님께서 주신 것이다. 이것을 착각하면 안 된다.

도끼는 나무꾼이 없이는 아무것도 할 수 없다. 나무꾼이 도끼를 만들었고 날을 날카롭게 갈았으며 도끼를 사용하였다. 나무꾼이 도끼를 버리는 순간 그 도끼는 고철에 불과하다. 부디 당신이 나무꾼 손에 달린 도끼라는 사실을 잊지 마라. 하나님께서 당신을 버리시면 당신이 가지고 있는 모든 권위가 순식간에 다 사라진다. 절대로 교만해서는 안 된다.

날마다 하나님을 경외하면서 두렵고 떨림으로 권위의 자리를 겸손으로 유지하라. 사울이 교만하여 자신이 가진 권위를 함부로 사용하다가 전쟁터에서 자신도 죽고 자기 아들도 죽고 말았다. 권위자로 사는 자는 그 권위가 하나님에게서 온 것임을 잊지 마라. 하나님께서 잠시 맡긴 권위는 다 하나님께로 돌려드려야 한다. 그날이 곧 올 것이다. "이는 만물이 주에게서 나오고 주로 말미암고 주에게로 돌아감이라. 그에게 영광이 세세에 있을지어다. 아멘"(롬 11:36).

권위자 아래에 있는 사람은 그 권위자 너머에 계신 하나님을 바라보아야 한다. 권위자에게 순종하는 것이 삶의 지혜다. 당신 삶의 권위자를 적으로 만들지 말고 당신을 돕는 자로 만들라. 요셉은 바로 왕을 부유하게 하여 왕의 신임을 받았다. 그래서 그는 자신의 온 가족을 고센 땅으로 데리고 오도록 허락받았고 이스라엘 백성들이 큰 민족을 이루게 하였다. 느헤미야는 폭군인 아닥사스다 왕의 신임을 받아 자신의 옛 고향 예루살렘성을 재건하도록 허락받았다. 사무엘은 영성이 없는 엘리 제사장의 신임을 받아 하나님의 음성을 듣는 법을 배우게 되었다. 그 일로 그는 결국 최초의 선지자가 되었고 왕에게 기름 붓는 왕보다 높은 사람이 되었다.

당신의 인생에 나타나는 모든 권위자와 좋은 관계를 맺으라. 자녀들이여, 부모님에게 순종하라. 그리하여 부모의 모든 인맥, 모든 기도후원, 모든 사랑을 다 당신의 것이 되게 하라. 학생들이여, 선생님에게 순종하라. 그리하여 선생님이 당신의 인생에 적극적인 돕는 자와 후원자가 되게 하라. 직장인들이여, 직장상사에게 순종할 뿐 아니라 요셉처럼 적극 그들을 도우라. 그리하여 직장상사로부터 최고의 추천을 받고 최고의 후원을 받으라. 교인들이여, 목회자에게 순종뿐 아니라 목회자를 적극적으로 돕는 자가 되라. 그리하여 목회자가 당신을 위해 날마다 기도해주는 자가 되게 하라. 최고의 후원이 될 것이다.

모세에겐 이드로가 있었다. 다윗에겐 사무엘 선지자가 있었다. 어린 마가에겐 베드로가 있었다. 어린 디모데에겐 바울이 있었다. 교인이 목회자의 영적인 후원을 받지 못하는 자는 정말 어리석은 자이다. 목회자와 싸우지 마라. 목회자와 갈등이 있을 땐 조용히 떠나라. 거듭 말하지만 모든 권위는 다 하나님에게서 나온다. "각 사람은 위에 있는 권세들에게 복종하라. 권세는 하나님으로부터 나지 않음이 없나니 모든 권세는 다 하나님께서 정하신 바라"(롬 13:1). 당신의 인생에 나타나는 왕에게 순종하라. 하나님은 지금도 진정으로 순종하는 삶을 열망하는 자를 찾으신다.

우리는 억지로 순종하는 자가 아니라 자발적으로 순종하는 자로 살아야 한다. 우리는 본성적으로 내 생각대로 살고 싶은 죄성이 있다. 사탄이 가장 많이 사용하는 무기가 "네 마음대로 살아라"이다. 그래서 우리는 날마다 내 마음대로 살려고 하는 나를 죽여야 한다. 요즘 당신은 인생을 당신 마음대로 살고 있는가? 잘못 사는 것이다. 요즘 당신은 그분의 음성에 순종하고 있는가? 잘살고 있다.

하나님은 똑똑한 사람을 쓰지 않으신다. 하나님은 유명한 사람도 쓰지 않으신다. 하나님은 돈 많은 사람도 쓰지 않으신다. 다만 부족하더라도 순종하는 자를 쓰신다. 노아, 아브라함, 모세, 다니엘, 예수님, 베드로, 바울 등 모두 다 순종의 거장들이었다. 하나님에겐 지식이나 실력이나 돈이 필요하지 않기 때문이다. 하나님은 60% 순종하는 만 명보다 100% 순종하는 한 사람이 필요하다. 하나님께서 이스라엘 백성들을 출애굽시킬 때 딱 한 사람 모세가 필요했다. 당신이 하나님의 말씀에 100% 순종하는 그 모세와 같은 사람이 되라.

순종을 제일 잘하는 방법은?

어떤 사람이 미국 콜로라도에서 스키를 타고 있었다. 그는 시원하게 펼쳐진 설원 위에서 신나게 스키를 즐겼다. 그런데 스키를 타던 중 슬로프에서 빨간 조끼를 입은 몇몇 사람들을 보게 되었다. 그는 그들이 어떤 사람들인지 궁금했다. 마침 그들과 가까워지게 되어 빨간 조끼에 쓰인 글씨를 볼 수 있게 되었다. 조끼에는 '시각장애

모든 교인은 교회의 리더다

인' 이라고 쓰여 있었다. 그 단어를 보고 그는 깜짝 놀랐다. '나는 건강한 두 눈을 가지고도 스키 타기가 힘든데 앞이 보이지도 않는 사람이 스키를 타고 있다니…. 어떻게 그것이 가능할까?'

그 남자는 시각장애인이 어떻게 스키를 타는지 그 비결이 궁금했다. 그래서 그들이 스키를 타는 모습을 유심히 지켜보았다. 그런데 그 해답은 놀랄 만큼 간단했다. 그들 각자에게 온전히 신뢰할 수 있는 지도자가 앞뒤로 한 사람씩 따라다녔다. 앞에 있는 지도자는 음악소리를 내며 앞서가고 뒤에 있는 지도자는 계속 말을 해주었다. 똑바로, 왼쪽으로, 오른쪽으로, 천천히, 멈춤, 앞에 사람이 오고 있음 등 끝없이 지시해주었다. 그러면 그 시각장애인은 지도자를 신뢰하고 즉시 지시에 순종하였다.

그것을 보고 그는 한 가지 사실을 깨달았다. 우리의 인생이란 마치 아무것도 보이지 않는 상태에서 언덕 아래로 가는 것과 같다는 것이다. 스키를 배우는 시각장애인과 같이 우리는 바로 5초 후에 무슨 일이 일어날지 알지 못한다. 어떤 사람이 우리를 향해 스키를 타고 돌진해 올지, 혹은 우리가 바위를 향해 돌진할지도 모른다. 이때 우리의 지도자 되시는 분이 계신다. 하나님은 우리가 인생을 살아가는 동안 우리의 인도자 되시는 성령님을 보내주셨다. 그분은 우리와 함께 걸으시고 우리와 함께 이야기하신다. 하지만 우리에게도 할 일이 있다. 지도자의 말을 듣고 즉시 순종하던 시각장애인처럼 하나님께서 말씀하시면 즉시 그 말씀에 순종하는 것이다.

단지 성령님의 음성에 귀를 기울여라.

그것이 우리의 인생을 큰 승리에 도달하게 해준다.

하나님은 당신의 인생이 망하길 원하지 않으신다. 당신이 지금 이해가 되지 않아도 순종의 삶을 살면 하나님은 반드시 놀라운 축복을 부어주실 것이다. 순종이 부유함을 가져다준다. 순종이 기적을 낳는다. 순종이 아름다운 인생을 살게 해준다. 하나님이 당신의 인생에 왕이 되게 하라. 왕에게 순종하라. 왕을 기대하라. 믿음의 순종은 꾹 참는 것이 아니라 기대하는 것이다.

당신의 순종으로 이 땅에 하나님의 복이 흘러들어오게 하라. 당신이 서 있는 그곳에서 하나님이 하실 일을 기대하며 순종하라. 순종하는 자에게 부유함이 흘러들어온다. 온유한 자가 땅을 차지한다. 혹시라도 당신에게 불순종과 반항과 거역의 찌꺼기가 남아 있다면 깨끗이 사라지도록 기도하라. 하나님은 깨끗한 자를 쓰신다. 하나님은 뛰어난 자를 쓰시지 않는다. 이 세상에서 실력 있고 능력 있는 자가 위대한 자가 아니라 하나님이 쓰시는 자가 위대한 자이다. 당신은 하나님이 쓰시는 자가 되라.

"너희 중에는 그렇지 않을지니 너희 중에 누구든지 크고자 하는 자는 너희를 섬기는 자가 되고 너희 중에 누구든지 으뜸이 되고자 하는 자는 모든 사람의 종이 되어야 하리라. 인자가 온 것은 섬김을 받으려 함이 아니라 도리어 섬기려 하고 자기 목숨을 많은 사람의 대속물로 주려 함이니라"(막 10:43-45).

한 청년이 자살 직전에 목사님을 찾아왔다. 그리고 자문을 구하면서 자살하려고 하는 이유를 설명했다. 가정적인 문제, 경제적인 파탄, 사회적인 지위 등 모든 상황으로 인해 자신은 지금 죽을 수밖에 없다고 자세히 설명했다. 목사님은 청년의 이야기를 다 듣고 나서 깊은 동정과 함께 이렇게 말했다.

"충분히 자살할 이유가 있군요. 일이 그렇게 되었으니 어떻게 살겠습니까. 자살해야 되겠습니다."

그러면서 덧붙였다.

"죽기 전에 나를 좀 도와주세요. 그리고 죽으면 안 되겠습니까?"

"뭐 어차피 죽을 건데 죽기 전에 목사님이 필요하다면 내가 얼마간 목사님을 돕도록 하지요."

합의하고 그 요청을 수락하였다. 그리고 집 없는 사람, 불쌍한 사람들을 위해서 집을 짓는 목사님의 일을 옆에서 열심히 도왔다.

얼마 후에 청년은 이렇게 고백했다.

"목사님께서 내게 돈을 주었거나 직장을 주었더라면 나는 다시 자살했을 겁니다. 그러나 목사님은 내게 아무것도 주지 않았습니다. 단지 섬김이 무엇인지를 가르쳐주셨을 뿐입니다. 이제 나는 죽지 않겠습니다. 나는 행복합니다. 나는 삶이 무엇인지 알았습니다."

이 젊은 사람은 돈이 없고, 집도 없고, 직업도 없고, 도와주는 사람도 없었다. 그런데 무엇이 없다고 절망만 하다가 자기라는 감옥에서 빠져나와 주위에 다른 사람들을 섬겼을 때 기쁨과 행복이 찾아왔다. 참 이상하다. 인생은 나 자신만을 위해 살면 외로워지고 타인을 섬기며 살면 행복해진다는 것이다. 인생은 실패가 끝이 아니라 나 자신만 생각하다 절망하는 것이 끝이다. 사람이 나 자신이라는 감옥에서 빠져나와 타인을 섬기게 되면 위대한 인생이 시작된다.

슈바이처 박사가 위대한 것은 자신의 성공을 넘어 아프리카의 빈민들을 섬겼기 때문이다. 조지 뮬러가 위대한 것은 자신의 유익을 넘어 고아들을 섬겼기 때문이다. 링컨이 위대한 것은 백인의 유익을 넘어 흑인들의 자유를 위해 투쟁하였기 때문이다. 위대함은 멀리 있는 것이 아니다. 나 자신을 빠져나와 섬김의 자리로 옮길 때 일어나는 것이다.

마가복음 10장을 보면 예수님께서 제자들이 자기 자신만 생각하고 서로 예수님의 오른편과 왼편을 차지하겠다고 다투는 사건이 나온다. 이 사건은 예수님 공생애가 끝나갈 무렵에 일어난 일이다. 예수님의 열두 제자는 예수님과 3년 반 동안 함께 지내면서 수많은 설교와 수많은 기적을 보았다. 그러나 그들은 섬김의 위대함을 몰랐다.

제자들은 예수님에게 "우리 중에 누가 큰 자니이까?"라고 여쭈었다. 그러자 예수님은 "섬기는 자가 큰 자이고 종이 되는 자가 으뜸이 되는 자"라고 제자들에게 말씀하셨다.

> "너희 중에는 그렇지 않을지니 너희 중에 누구든지 크고자 하는 자는 너희를 섬기는 자가 되고 너희 중에 누구든지 으뜸이 되고자 하는 자는 모든 사람의 종이 되어야 하리라"(막 10:43-44).

예수님은 참 이상한 말씀을 하셨다. 그 당시 유대인들은 로마의 속국으로 살았다. 겉으로 보기에는 힘과 권력을 가진 로마인이 큰

자인 것 같다. 그런데 예수님은 섬기는 자가 큰 자이고 종으로 사는 것이 으뜸이라고 말씀하셨다. 큰 자나 으뜸이 되는 자는 바로 위대한 자를 말한다.

예수님은 제자들에게 섬기는 자가 위대한 자라는 말씀을 좀 더 눈에 보이기 쉽게 가르쳐주시려고, 바로 종으로 사는 것이 가장 위대한 자라고 말씀하셨다. 예수님 당시에 종은 천한 삶이었다. 그런데 예수님은 종으로 사는 것이 가장 위대하다고 말씀하셨다.

교회에 다니는 우리는 종으로 사는 게 큰 사람이 되는 것이라는 사실을 수없이 많은 설교를 통해 들었고, 또 인정하지만 실제로 종으로 사는 사람은 극소수이다. 이와 관련해서 워렌 위어스비 목사는 "오늘날 교회 속의 슬픈 현상은 유명한 사람들은 많지만 종들이 너무 적다는 점이다"라고 꼬집었다.

우리는 반드시 인생이 끝나는 날 하나님 앞에 서게 된다. 그때 하나님은 우리가 얼마나 다른 사람들을 잘 섬겼느냐로 우리의 삶을 평가하실 것이다. "이러므로 우리 각 사람이 자기 일을 하나님께 직고하리라"(롬 14:12). 우리는 언젠가 하나님 앞에 서서 나에게 주신 시간, 재정, 건강, 은사들을 어떻게 사용했는지 하나님 앞에 직고해야 할 때가 올 것이다. 그때 이런 변명은 아무런 도움이 안 된다.

"하나님, 저는 제 인생 살기에도 너무 바빴습니다."

"하나님, 저는 제 인생 목표가 있어서 다른 사람 돌볼 틈이 없었습니다."

"하나님, 저는 나중에 성공 이후에 선한 일을 하려고 했는데 그만 이렇게 죽을 줄 몰랐습니다."

"하나님, 저는 은퇴 준비하느라고 정신이 없었습니다."

인생은 얼마나 오래 살았느냐가 중요하지 않다. 얼마나 섬기며 살았는가가 중요하다. 인생은 얼마나 많이 가지고 살았는가보다 어떻게 살았는가가 중요하다. 우리는 왜 태어났는가? 선한 일을 하기 위해 태어났다. "우리는 그가 만드신 바라. 그리스도 예수 안에서 선한 일을 위하여 지으심을 받은 자니 이 일은 하나님이 전에 예비하사 우리로 그 가운데서 행하게 하려 하심이니라"(엡 2:10). 그 선한 일이 바로 섬기는 일이다.

우리는 우리 자신을 바라보며 낙심하거나 절망하라고 태어난 것이 아니다. 지금 당신이 가지고 있는 그 건강, 그 은사, 그 재능, 그 시간, 그 재정으로 선한 일을 하기 위해 태어났다. 그렇기에 D. L. 무디 목사는 "사람의 위대함은 그가 얼마나 많은 종을 데리고 있느냐가 아니라 오히려 그가 얼마나 많은 사람을 섬기는가에 따라 판가름 난다"고 말했다.

여기서 바울은 한 단계 더 뛰어넘어 그냥 선한 일이 아니라 "예수 안에서 선한 일"이라고 말한다. 그냥 선한 일은 다른 종교에서도 한다. 우리는 예수 안에서 선한 일을 해야 한다. 예수와 상관없는 선한 일이 아님을 기억하라. 바울은 종으로 사는 삶이 얼마나 중요한지 알았다. 그래서 그는 편지를 쓸 때마다 자신을 그리스도의 종으로 기록하였다. 위대한 인생을 살고 싶은가? 그렇다면 종으로 섬겨라. 여기서 우리는 종으로 섬기기 위한 종의 특징 몇 가지를 살펴보자.

종은 작은 것부터 섬긴다

종들은 눈에 보이는 작은 것부터 섬긴다. 요한복음에 보면 제자들이 누가 크냐고 다툴 때 예수님은 수건을 들고 제자들의 발을 씻기셨다. 사실 발은 씻어도 되고 안 씻어도 된다. 누가 크냐는 변론에 발을 씻는 것이 그렇게 중요한 행동은 아니다. 그런데 예수님은 발을 씻기심으로써 그 답을 말씀해주셨다.

지금 당신이 있는 장소에 더러움을 치운다면 위대한 섬김을 한 것이다. 위대한 섬김은 큰일로 시작하는 것이 아니라 작은 일로 시작된다. 어떤 모임에 가든지 작은 섬김을 시작하라. 그것은 위대한 일이다. 위대한 섬김은 능력의 문제가 아니라 섬기고자 하는 마음가짐의 문제이다. 섬기고자 하는 마음을 갖기만 하면 수많은 섬김이 눈에 보인다.

예수님의 제자들은 열두 살 때부터 예루살렘 성전을 다니기 시작했다. 그들은 유대인의 율법에 따라 열두 살이 되면 매년 유월절마다 1년에 한 번은 꼭 예루살렘 성전을 다녀야 했다. 베드로는 성전 미문 앞에 앉은뱅이를 매년 보았었다. 그러나 한 번도 그 앉은뱅이를 섬길 마음이 없었다. 그가 섬김에 눈을 뜨자 40년 된 앉은뱅이가 보였다. 그 앉은뱅이의 구걸 소리가 들렸다. 베드로는 아무도 중요하게 생각하지 않는 앉은뱅이에게 작은 섬김을 하려고 하였다. 베드로가 그 작은 자에게 손을 내밀자 기적이 일어났다. 작은 섬김 속에는 베드로가 알지 못했던 큰 기적이 기다리고 있었다. 40년 된 앉은뱅이가 일어나고 그 일로 5천 명이 예수님을 믿게 되었다.

오래전 두 소년이 어떤 한 교회를 찾아 예배를 드리려고 하였다. 그런데 사람들이 너무 많아서 앉을 자리를 찾을 수가 없었다. 그래서 어쩔 수 없이 다시 나가려고 하는데 안내위원 한 사람이 친절하게 아래층 제일 중간에 빈자리를 찾아주었다. 그날 밤, 이 소년들은 그리스도를 영접하고 크리스천이 되었다. 그 소년 중 한 사람이 바로 위대한 전도자 빌리 그레이엄 목사였다. 안내위원의 단순한 섬김이 수억 명의 사람들을 주님께로 인도하는 단초가 된 것이다.

감리교 창시자 요한 웨슬레는 이런 좌우명을 가졌다. "내가 할 수 있는 모든 선한 일을 하자. 모든 수단과 방법을 동원하고, 어떠한 장소에서든지, 어느 시간이든지, 상대가 누구든지 간에 내가 할 수 있는 오랫동안 선한 일을 하자." 위대한 섬김은 다른 사람들이 하고 싶지 않은 아주 작은 일을 섬김으로 시작된다. 하찮은 섬김이란 없다. 아주 작은 일이라도 위대한 일처럼 하라. 하나님께서 다 보고 계신다.

많은 사람이 작은 섬김을 시작하지 않아서 큰 섬김을 만나지 못한다. 작은 섬김을 시작하라. 그러면 큰 섬김으로 연결될 것이다. 최고의 인생은 베풀고 나눌 때 펼쳐진다. 모세는 양이나 치고 자기 자신만을 위해 살았을 때 그냥 평범한 삶을 살았다. 그러나 그가 민족을 위해 자신의 모든 것을 나누었을 때 위대한 삶을 살았다. 에스더는 왕궁에서 자신만을 위해 살았을 때 그냥 평범한 왕비였을 뿐이다. 그러나 그녀가 민족을 위해 목숨을 던졌을 때 위대한 삶을 살았다. 이처럼 우리가 받는 인생이 아니라 주는 인생으로 살 때 가장 행복해진다. 왜냐하면 우리는 선한 삶을 살도록 지음 받았기 때문이다.

집안에서 작은 섬김을 시작하라. 가정이 천국이 될 것이다. 교회에서 작은 섬김을 시작하라. 교회가 춤추는 교회가 될 것이다. 직장에서 작은 섬김을 시작하라. 직장에서 최고의 자리로 옮겨갈 것이다. 당신이 예수님의 이름으로 지극히 작은 자에게 무엇인가를 섬긴다면 그 지극히 작은 자에게 섬긴 바로 그것이 예수님에게 한 일이 된다. "너희가 여기 내 형제 중에 지극히 작은 자 하나에게 한 것이 곧 내게 한 것이니라"(마 25:40).

작은 섬김은 위대함으로 가는 디딤돌이다.

오늘을 섬김을 위한 새로운 출발점으로 삼아라. 당신의 미래는 과거와 달라야 한다. 오늘부터 남아 있는 인생을 최고의 명작으로 만들라. 그것은 작은 섬김으로 시작된다. 가만히 앉아 있지 말고 조금만 더 섬겨라. 대접받으려 하지 말고 무엇이든 대접하라. 얼굴을 가만히 두지 말고 조금만 미소를 지어라. 당신의 주위가 어두운가? 어둡다고 불평하지 말고 당신의 작은 촛불을 켜라. 할 수만 있다면 수건을 잡아라. 그 수건을 잡은 섬김이 당신을 위대하게 만들어줄 것이다. 위대한 기회는 늘 당신 주변을 서성이고 있다.

종은 언제나 낮은 마음을 갖는다

예수님은 "누가 높냐고 따질 때" 수건을 들고 종의 자세로 제자들 발 앞에 무릎을 꿇고 낮아지셨다. 종은 낮은 자세로 다가간다. 종은 한 번도 자신이 높다고 생각하지 않는다. 언제나 겸손한 마음으로 살아간다. 종은 주인 앞에 허리를 굽히고 주인의 발을 씻긴다. 종은 주인 앞에 허리를 굽히는 것을 한 번도 갈등하거나 주저하지 않는다. 그는 낮은 마음을 가지고 있기 때문이다. 종은 허리를 굽혀야만 주인의 발을 씻길 수 있다. 종은 다른 사람들에게 깊은 인상을 주기 위해 자신의 몸을 낮추는 것이 아니다. 그냥 겸손으로 주인 앞에 무릎을 꿇는 것이다.

낮은 마음을 가진 자는 무릎 꿇기가 쉽다. 낮은 마음을 가진 자는 섬김이 쉽다. 종은 자기의 기분이나 자신의 계획이나 자기의 권리나 자기의 의견을 주장하지 않는다. 종은 오직 주인의 마음에만 관심이 있다. 우리가 종의 마음을 가졌는지 확인해 보려면 다른 사람들이 우리에게 종처럼 무리한 요구를 할 때나 우리를 아랫사람처럼 무시하며 대할 때 어떻게 반응하는지 보면 알 수 있다.

예수님이 산상수훈에서 하신 설교 중에 이런 말씀이 나온다. "또 누구든지 너로 억지로 오 리를 가게 하거든 그 사람과 십 리를 동행하고"(마 5:41). 이 말씀이 그 유명한 '오리추가' 이다. 누군가가 억지로 나에게 오 리를 가자고 하면 내가 오 리를 추가해서 십 리를 가 준다는 것이다.

이 본문을 확대 성경은 이렇게 번역하였다. "누군가가 너희를 부당하게 이용하면 종의 삶을 연습하는 기회로 사용하라." 낮은 마음으로 사는 자는 시기심도 없고 원망도 없고 억울함도 없다. 낮은 마음으로 섬기는 것은 위대한 섬김이다. 낮은 마음으로 사는 자는 하나님께서 그를 높여주실 것이다.

예수님은 하나님과 동등하신 분임에도 자신을 낮추어 죽기까지 순종하셨을 때 하나님께서 예수님을 지극히 높여주셨다. "그는 근본 하나님의 본체시나 하나님과 동등됨을 취할 것으로 여기지 아니하시고 오히려 자기를 비워 종의 형체를 가지사… 자기를 낮추시고 죽기까지 복종하셨으니 곧 십자가에 죽으심이라. 이러므로 하나님이 그를 지극히 높여 모든 이름 위에 뛰어난 이름을 주사"(빌 2:6-9).

모든 교인은 교회의 리더다

당신이 낮은 마음으로 다른 사람을 섬기며 산다면 마지막에 가서 하나님께서 당신을 높일 것이다. 그러나 당신이 높은 마음으로 다른 사람들의 섬김을 받으며 산다면 마지막에 가서 하나님께서 당신을 낮추실 것이다. 어떤 장소에 가든지 지금의 높음을 선택하지 말고 마지막 날의 높음을 선택하라. 할 수만 있다면 높아진 마음을 비워 낮은 마음을 가져라.

세상의 성공은 사다리를 타고 높은 곳에 올라가야 한다고 말한다. 그러나 위대한 성공은 사다리 위에 있지 않고 사다리 아래에 있다. 매 순간 오르기를 멈추고 낮아져라. 위대함이 기다리고 있다.

이것은 이론으로 되는 것이 아니라 행동으로 실천할 때 된다. 한 번 낮아지면 두 번 낮아지게 되고 두 번 낮아지면 열 번 낮아지게 된다. 교회에서 큰소리치고 문제를 일으키는 자들은 자신의 마음이 높아졌다는 것을 모른다. 이것은 저주이다. 마음이 낮아진 사람들은 결코 큰소리치거나 문제를 일으키지 않는다.

종은 매 순간
즐거움으로 일한다

예수님은 "누가 높냐"고 화를 내며 다투는 제자들의 발을 즐겁게 다 씻겨주셨다. 한 명만 씻겨주신 것이 아니다. 12명의 발을 다 씻겨주셨다. 종은 발을 씻겨주는 일을 즐거워한다. 종은 음식을 시중드는 일을 행복으로 안다. 종은 섬김을 의무로 생각하지 않고 기회로 생각한다. 종은 섬김 자체를 즐긴다. 종은 큰일이든 작은 일이든, 일이 많든 적든 간에 상관하지 않고 그냥 기쁨으로 섬긴다.

그렇다면 종은 왜 기쁨으로 섬기는가? 자신이 존재하는 모든 것이 주인 때문이라는 사실을 알기 때문이다.

> "기쁨으로 여호와를 섬기며 노래하면서 그의 앞에 나아갈지어다. 여호와가 우리 하나님이신 줄 너희는 알지어다. 그는 우리를 지으신 이요 우리는 그의 것이니 그의 백성이요 그의 기르시는 양이로다"(시 100:2-3).

교만한 사람은 자신이 가진 모든 것이 자기 힘으로 된 것이라고 착각하기에 섬김이 어렵다. 그러나 겸손한 사람은 자신이 가진 모든 것이 하나님의 것이며 하나님의 은혜의 산물임을 알기에 섬김이 쉽다. 그는 살아 있는 자체를 기뻐하고 쓰임받는 자체를 감사한다. 그래서 기쁨으로 하나님을 섬기고 찬양하며 여호와 우리 주 앞에 나아간다.

음식점의 분위기는 누가 결정할까? 종업원이다. 종업원이 행복해하면 그 음식점은 잘된다. 집안 분위기는 누가 좌우할까? 어머니인가? 아니다. 바로 집안을 섬기는 당신이다. 섬기는 당신이 행복해

모든 교인은 교회의 리더다

하면 그 집안은 천국이 된다. 교회 분위기는 누가 좌우하는가? 교인 모두이다. 교인들이 행복해하면 비신자들이 몰려온다.

종의 온전한 태도가 무거운 궁궐의 분위기를 좌우한다. 그래서 종 된 우리는 기쁨이 넘쳐야 한다. "보라. 나의 종들은 마음이 즐거우므로"(사 66:14). 당신은 하나님의 종인가? 그렇다면 마음에 즐거움이 가득 차야 한다. 하나님의 종은 짜증 내지 않는다. 내가 요즘 주의 일을 섬김에 기쁨이 없다면 내가 종의 마음을 잃어버렸음을 알아야 한다. 다시 기쁨으로 섬기는 종의 마음을 갖기 바란다. 당신이 기쁨으로 섬김을 시작한다면 위대한 섬김이 될 것이다. 그 섬김은 기적을 이루는 통로가 될 것이다.

야곱은 사랑하는 라헬을 얻기 위하여 삼촌 라반의 집에서 품삯하나 받지 않고 종으로 7년을 하루처럼 섬겼다. 그는 7년을 기쁨으로 섬겼다. 야곱은 정말 종처럼 충성스럽게 일했다. 7년 후 삼촌과 약속한 대로 결혼식을 치렀다. 그런데 결혼 첫날밤에 삼촌은 신부를 바꾸었다. 라헬을 보내지 않고 첫째 딸인 레아를 보낸 것이다. 실망한 야곱은 삼촌에게 항의했지만 그 지역 풍습상 큰딸이 먼저 결혼해야 한다는 말만 되돌아왔다. 그러면서 라헬과 결혼하고 싶으면 7년을 더 일하라는 어처구니없는 말을 덧붙였다.

야곱은 정말 화가 치밀어 올랐다. 야곱은 크게 실망하였다. 믿을 사람 하나도 없다는 생각이 들었다. 그러나 그는 중요한 결정을 내렸다. 그는 라헬을 사랑하여 다시 7년을 하루처럼 종으로 섬겼다. 그는 다시 좋은 태도로 섬겼다. 그래서 7년 후 라헬까지 얻게 되었다. 더불어 모든 반점 있는 양이 자기 양이 되는 엄청난 거부가 되었다.

주의 일을 하다가 실망했는가? 그래도 다시 시작하라. 그렇게 해야만 과거의 섬김까지 다 갚아주실 것이다. 즐거움으로 섬기는 자는 실망스러운 일이 생겨도 사랑하는 하나님을 위해 다시 섬긴다. 즐거움으로 섬기는 자는 섬길 기회를 놓치면 다시 스스로 섬길 곳을 찾아 섬긴다. 즐거움으로 섬기는 자는 아무도 알아주지 않아도 기쁨으로 섬긴다. 즐거움으로 섬기는 자는 이용당했다고 포기하지 않고 다시 섬긴다.

우리 주위에 한 번 종으로 섬기다가 포기한 사람이 많다. 다시 종으로 섬겨야 한다. 종으로 섬기는 자는 따지지 않는다. 종으로 섬기는 자는 비판하지 않는다. 다시 종으로 섬기는 자에겐 이전의 섬김까지 다 축복으로 부어주실 것이다. 다시 종으로 섬기는 자에겐 엄청난 축복이 기다리고 있다. 우리는 이 땅에 사는 동안 언제나 충성된 종으로 섬겨야 한다. 그것이 최고의 결정이다. 종으로 사는 자는 대가나 대우에 관심이 없고 오직 사랑하는 사람에게만 관심이 있다. 우리의 관심은 우리가 사랑하는 하나님이 되어야 한다.

요셉은 억울하게 누명을 뒤집어쓰고 감옥에 갇혔다. 그는 그 감옥에서 바로의 술 맡은 관원장과 떡 굽는 관원장을 만났다. 그들이 밤마다 자신들이 꾼 꿈 얘기를 하였다. 요셉은 자신의 꿈 얘기 때문에 형님들에게 미움을 받아 애굽 땅에 팔려왔고 지금은 감옥에까지 간히게 되었다. 요셉은 꿈 얘기를 하면 화가 났을 것이다. 그러나 요셉은 술 관원장과 떡 관원장의 꿈 얘기를 잘 경청해주었다. 그리고 지금 자신의 억울한 감정을 버리고 그들의 꿈 얘기를 기쁜 마음으로 해석해주었다. 요셉이 그들의 꿈을 도와주었을 때 결국 이들이 요셉을 꿈을 이루게 해주었다. 타인의 꿈을 도와주면 하나님께서 당신의 꿈을 이루어주실 것이다.

억울한 일을 만나도 낙심하지 말고 즐겁게 섬겨라. 생각지도 못한 축복이 밀려올 것이다. 기쁨으로 남을 도우면 하나님께서 우리를 도와주신다. 기쁨으로 섬겨도 소용없다고 말하지 마라. 하나님께서 그 섬김을 갚아주실 날을 준비하고 계신다. 기쁨으로 섬기는 것은 위대한 섬김이다. 위대한 섬김은 즐거운 마음을 가진다. 종의 즐거움은 한 번의 즐거움이 아니다. 부당한 대우를 받아도 상관없이 다시 즐거움으로 섬기는 것이다. 만약 요셉이 억울한 자리에서 기쁘게 섬기지 않았다면, 자원하여 그들의 꿈을 해석해주지 않았다면 총리가 될 최고의 기회를 잃어버렸을 것이다.

지금 억울한 자리에 있는가? 기쁨으로 섬겨라. 최고의 축복이 바로 곁에 와 있다. 오늘 당신의 마음을 상황에 상관없이 감사와 즐거움으로 가득 채워라. 종은 영원히 즐거움으로 섬긴다. 그것이 위대한 섬김이다.

우리는 위대한 섬김에 대하여 3가지를 살펴보았다. 첫째로 위대한 섬김은 종의 마음으로 작은 것을 섬기는 것부터 시작된다. 두 번째 위대한 섬김은 낮은 마음으로 섬긴다. 세 번째 위대한 섬김은 기쁨을 가지고 섬긴다. 예수님은 섬김을 받으려고 살지 않으셨다.

"인자가 온 것은 섬김을 받으려 함이 아니라 도리어 섬기려 하고 자기 목숨을 많은 사람의 대속물로 주려 함이니라"(막 10:44).

당신이 예수님을 주인으로 모셨다면 섬김을 받으려는 생각을 버려야 한다. 예수님같이 위대한 분도 섬김을 받으려 하지 않았는데 우리가 섬김을 받으려 하는 자체는 난센스이다. 당신에게 예수님의 영, 섬김의 영, 종의 영이 불일 듯 일어나길 바란다. 당신이 예수를 믿는다면 종이 되라. 예수를 믿는다는 것은 내가 주인이 되었던 자리를 내려놓고 예수님을 주인으로 모시는 종의 자리다.

호흡이 붙어 있는가? 주위에 있는 모든 것이 섬김의 기회이다. 우리는 하나님의 자녀인 동시에 섬기는 종이다. 섬기는 종으로 사는 것은 위대한 삶이다. 섬김은 모두 영원한 상으로 연결된다. 한 번밖에 살지 않는 짧은 인생 쉽게 지나간다. 대접받으려 하지 말고 위대한 섬김에 도전하라.

우리는 상급을 두 번 받을 수 없다. 땅에서 상급을 받으면 하늘에서 상급이 없고 땅에서 상급을 받지 않으면 하늘에서 상급이 있다. 예수님은 이렇게 말씀하신다. "사람에게 보이려고 그들 앞에서 너희 의를 행하지 않도록 주의하라. 그리하지 아니하면 하늘에 계신 너희 아버지께 상을 받지 못하느니라"(마 6:1).

우리는 상급을 하늘에 쌓아야 한다. 예수님은 "오직 너희를 위하여 보물을 하늘에 쌓아 두라"(마 6:20)고 말씀하신다. 우리가 정말 하나님의 살아계심을 믿는다면 하나님에게 잘 보이는 자로 살 것이다. 당신이 교회에서 섬기는 자라면 사람에게 보이려고 하지 말고 하나님에게 보이는 자로 섬겨라. 하나님은 반드시 상급을 주신다. 당신의 섬김은 단 하나도 헛되지 않을 것이다.

"그러므로 내 사랑하는 형제들아 견실하며 흔들리지 말고 항상 주의 일에 더욱 힘쓰는 자들이 되라. 이는 너희 수고가 주 안에서 헛되지 않은 줄 앎이라"(고전 15:58).

"이는 만물이 주에게서 나오고 주로 말미암고 주에게로 돌아감이
라. 그에게 영광이 세세에 있을지어다. 아멘"(롬 11:36).

하나님께서 이 세상을 만드신 것을 믿는가? 이 지구가 둥근 것은
다 안다. 이 지구가 둥글다면, 지금 지구 제일 밑에 있는 사람들은
왜 떨어지지 않을까? 그것은 둥근 지구 속 가장 안쪽에 철과 니켈로
된 금속이 있어 이 지구상에 사는 모든 사람과 사물을 지구 중심으
로 끌어당기고 있기 때문이다. 그렇다면 누가 지구 안에 이런 강력
한 니켈과 금속을 넣어두었을까? 우연히….

지구 바깥에는 대기권이 있다. 이 대기권이 있어서 태양으로부
터 오는 열을 적당히 차단한다. 만약 이 대기권이 없다면 태양열로

인해 지구는 모든 곳이 사막이 되고 만다. 대기권 위에는 오존층이 있다. 이 오존층은 태양으로부터 오는 자외선을 차단해주는 역할을 한다. 이 오존층이 없다면 우리는 모두 피부암을 앓게 되고 시력을 잃게 될 것이다. 그렇다면 이 엄청난 대기권과 오존층을 누가 만들었을까? 저절로….

성경에는 하나님께서 해를 위하여 장막을 만드셨다고 말씀한다. "그의 소리가 온 땅에 통하고 그의 말씀이 세상 끝까지 이르도다. 하나님이 해를 위하여 하늘에 장막을 베푸셨도다"(시 19:4). 추운 겨울에 옷을 따뜻하게 입은 어린아이가 있다고 하자. 그 옷이 저절로 입혀졌을까? 누군가가 입혀준 사람이 있을 것이다. 하물며 이 어마어마한 지구를 보호하는 모든 것이 우연히 되었을까? 성경은 온 우주를 하나님께서 만드셨고, 지구의 보호막도 하나님께서 만드셨다고 말씀한다.

하나님께서 이 세상을 만드셨다.
이 세상에 있는 모든 것은 하나님의 것이다.
하나님은 만물의 주인이시다.

성경은 창세기 1장 1절, "태초에 하나님이 천지를 창조하시니라"는 말씀으로 시작된다. 인간이 지구를 만들지 않았다. 하나님께서 이 세상을 만드셨기에 세상은 모두 그분의 것이다. 우리가 태어났을 때는 이미 모든 것이 창조되어 있었다. 우리는 태어나자마자 산소를 마신다. 하나님은 우리에게 사계절, 그리고 비와 눈과 바람과 공기를 주신다. 사람들은 계속 생태계를 파괴하고 있지만 하나님은 우리가 오염시킨 강과 바다와 공기를 정화하신다. 왜 그러실까? 모두 그분의 것이기에 그렇다. 이 말씀을 기초로 신앙의 근본이 되는 두 가지를 생각해 보고자 한다.

모든 그리스도인은
하나님의 청지기이다

현재 우리가 소유하고 있는 모든 것은 우리의 것이 아니다. 전부 하나님의 것이다. 우리는 단지 하나님께서 맡겨주신 돈, 물질, 달란트, 재능, 건강, 가정, 가족 등을 일시적으로 소유하고 관리하는 청지기에 불과하다. 우리는 우리가 가진 모든 것의 주인이 아니라 단지 관리자일 뿐이다. 사도 바울은 말한다. "이는 만물이 주에게서 나오고 주로 말미암고 주에게로 돌아감이라. 그에게 영광이 세세에 있을지어다. 아멘"(롬 11:36). 우리가 가진 모든 것은 주님한테서 나왔고 나중에 주님께로 돌아가야 한다. 하나님은 우리가 가진 모든 것을 우리에게 잠깐 맡기셨다. 그래서 우리는 '청지기'라고 말한다.

청지기는 다른 사람의 재산을 관리하는 사람이다. 구약성경에서

모든 교인은 교회의 리더다

청지기 역할을 잘 감당한 대표적인 사람이 요셉이다. 요셉은 애굽 고관인 보디발의 집에 노예로 팔려갔다. 그는 보디발의 총애를 받아 그 집의 모든 것을 다 관리하는 청지기가 되었다. 그는 주인처럼 주인의 돈으로 물건을 사고팔고 할 수 있었다. 그러나 그는 주인이 아니라 청지기에 불과했다. 그는 보디발 집의 많은 재산을 관리하였지만 그의 소유는 전혀 아무것도 없었다.

어느 날 요셉은 억울하게 감옥에 가게 되었다. 감옥 안에서도 얼마 후에 요셉은 주목받는 사람이 되었다. 그는 보디발의 집에 있으나 감옥에 있으나 언제나 청지기로 살았기에 주목받는 사람이었다. 나중에 요셉은 바로 왕의 꿈을 해석하여 총리가 되었다. 그는 총리로서 칠 년 풍년과 칠 년 흉년을 잘 다스리는 자가 되었다. 그는 총리의 반지를 끼고 있었고 재판권을 가지고 있었지만 왕은 아니었다. 그는 바로 왕의 청지기였다. 청지기는 요셉처럼 다른 사람의 재산을 잘 관리하는 사람을 일컫는다. 청지기는 자신의 손으로 모든 돈과 재산을 만질 수 있기에 많은 유혹을 받는다. 그러나 명심해야 할 것은 내가 주인이 아니라는 점이다.

청지기는 늘 기억해야 한다.
내가 가진 모든 것은 하나님의 것이라는 사실과
나는 단지 그분의 것을 관리하는 청지기라는 것을.

신약성경에는 '청지기'를 '오이코노모스'라고 한다. '오이코노 모스'는 주인의 재산을 관리하도록 맡긴 종을 말한다. 이 청지기는 주인의 신뢰가 있어야 하고 집안을 잘 관리해야 한다. 마태복음 25장 14~30절에 나오는 달란트 비유에는 주인에게 한 달란트, 두 달란트, 다섯 달란트를 받은 종들이 나온다. 달란트는 탤런트, 즉 그 사람이 태어날 때 받은 은사, 능력이다. 한 달란트는 한 사람이 20년은 먹고살 수 있는 큰돈이다. 모든 사람에게는 아무리 작은 달란트를 가졌다 해도 20년은 먹고살 수 있는 능력이 있다.

이 달란트 비유의 핵심은 주인이 돌아와서 맡겨준 그 달란트에 대한 책임을 묻는다는 것이다. 이것은 하나님이 우리에게 허락하신 이 세상에서의 삶을 어떻게 사용하였는지 계산하신다는 것이다. 종이 주인이 준 달란트를 바로 사용하지 않고 놀기만 하거나 잘못된 곳에 사용한다면 주인이 돌아와서 가진 달란트를 뺏어다가 달란트를 잘 관리한 자에게 다 줘버린다. 이것이 하나님의 법칙이다.

하나님은 청지기인 우리에게 이러한 규칙을 적용하신다. 하나님의 것을 청지기로 바로 사용하지 않을 때 "악하고 게으른 종"이라 책망하시고 가진 모든 것을 다 빼앗아 가신다. 반면에 가진 모든 것을 청지기로 잘 사용한 자에게는 "착하고 충성된 종아"라고 하시며 더 큰 것을 맡기신다. 우리가 이 땅에서 아무리 많이 가졌다 하더라도 아무것도 갖지 않은 자라는 사실을 알게 되는 날이 온다. 그날이 바로 죽음의 날이다. 그때는 아무것도 가지고 갈 수 없다. 청지기로 어떻게 살았는지 계산만 남을 뿐이다.

우리는 우리가 인정하든 하지 않든 간에 청지기다. 우리가 영원히 갖는 것은 아무것도 없다. "나는 청지기를 안 하겠습니다"라고 하여도 이미 이 땅에 사는 모든 사람은 다 청지기이기에 부정할 수 없다. 이런 청지기에는 두 종류가 있다. 하나는 자기의 것이 전부 자신의 것인 줄 알고 땅에만 묻어두는 자, 다른 한 부류는 가진 모든 것이 주인의 것인 줄 알고 주인을 위해 남기는 자다. 모든 것이 자기 것인 줄 알고 이 땅에만 투자하는 자는 "악하고 게으른 종"이라는 책망을 받을 것이고, 모든 것이 주인의 것인 줄 알고 주인을 위해 투자하는 자는 "착하고 충성된 종"이라는 칭찬을 받을 것이다.

당신이 가진 모든 것은 당신의 것이 아니다. 당신이 가진 모든 것은 잠시 주어진 주인의 것이며 당신은 단지 청지기일 뿐이다. 당신의 몸은 당신의 것이 아니다. 하나님의 성전이다. 당신의 손은 당신의 것이 아니다. 하나님의 손이다. 당신의 입은 당신의 것이 아니다. 하나님의 입이다. 당신의 자녀는 당신의 것이 아니다. 하나님께서 잠시 당신에게 맡겨주신 하나님의 자녀이다. 혹시 지금 성령께서 당신의 마음을 감동시키신다면 내 것인 양하고 살았던 죄를 즉시 회개하라.

강철왕 카네기는 어떤 연설에서 이런 말을 했다고 한다. "얼마를 벌었느냐 하는 것은 중요하지 않다. 그것보단 그것을 어떻게 사용했는가 하는 것이 더 중요하다. 돈을 남기고 죽는 것은 수치다. 모두 하나님과 이웃을 위하여 쓰고 죽어야 한다." 옳은 말이다. 그가 평생에 선하게 쓴 돈이 약 3천억 원이나 되었다고 한다. 당신의 인생을 이 땅만을 위해 낭비하지 말고 충성된 청지기로 살기 바란다.

청지기는 주인의 것을 주인에게 드린다

우리가 청지기라면 우리의 주인이 말하는 대로 움직여야 한다. 주인의 것을 마음대로 가져가는 자는 도둑이다. 청지기는 주인이 허락하는 부분만 취해야 한다. 청지기에게 가장 중요한 자질은 '정직'이다. 당신이 큰 가게를 하는데 직원에게 가장 중요하게 여기는 것이 무엇이겠는가? 바로 정직이다. 직원이 물건을 팔고 돈을 훔쳐간다면 당장 해고당할 것이다. 보통 농촌에서는 땅 주인이 농부에게 땅을 빌려주면 수확의 50%는 땅 주인에게 주고 50%는 농부가 가져간다.

하나님은 어떻게 하셨는가? 모든 것의 주인이신 하나님은 땅을 투자하시고 씨를 주시고 자라게 하시며 알맞은 열과 빛을 주시고 비와 바람도 주신다. 모든 것이 다 하나님의 소유이다. 심지어 우리의 생명조차도 그분의 것이다. 그런데 하나님은 사람에게 모든 수확의 90%는 너를 위해 쓰되 나머지 10%는 하나님께 드리라고 하셨다. 이것이 바로 '십일조'이다. 십일조는 헌금이 아니라 '성도의 의무'이다.

성경에서 최초로 십일조를 한 사람은 아브라함이다. 창세기 14장에 보면 아브라함의 조카 롯이 소돔과 고모라성 가까이에 거하다가 소돔 왕과 다른 왕들 사이의 전쟁에 휘말려 체포된다. 이 소식을 들은 아브라함이 자기 하인 318명을 데리고 가서 조카 롯을 구하게 된다. 아브라함이 전쟁에서 이기고 돌아왔을 때 하나님의 제사장인 멜기세덱이 아브라함을 축복한다. 이때 아브라함이 전리품의 십 분의 일을 멜기세덱 제사장에게 기쁨으로 드린다.

아브라함이 십일조를 드리는 태도를 보면 그는 자발적으로 감사하는 마음으로 드린 것을 알 수 있다. 아브라함은 이 전쟁이 자신의 힘이나 능력이 아니라 모두 하나님의 능력으로 이기었음을 알고 감사로 십일조를 드린 것이다. "너희 대적을 네 손에 붙이신 지극히 높으신 하나님을 찬송할지로다 하매 아브람이 그 얻은 것에서 십 분의 일을 멜기세덱에게 주었더라"(창 14:20). 이때는 아직 모세가 십일조를 율법으로 정하고 하나님께 드리라고 말하기 400년 전이었다.

그렇다면 어떻게 아브라함은 십일조를 알았을까? 그것은 아마도 '에덴동산에서부터 하나님께서 아담에게 가르쳐주신 것'이라고 유추해볼 수 있다. 가인과 아벨은 일상에서 재물을 하나님께 드렸다. 창세기 28장에 보면 야곱도 형 에서를 피해 도망가면서 하나님께 십일조를 드리겠다고 약속한다. "내가 기둥으로 세운 이 돌이 하나님의 집이 될 것이요. 하나님께서 내게 주신 모든 것에서 십 분의 일을 내가 반드시 하나님께 드리겠나이다 하였더라"(창 28:22). 누가 야곱에게 십일조를 가르쳤는가? 성경에 잘 기록되어 있지는 않지만 십일조는 아담부터 자자손손 계속 내려오는 하나님을 섬기는 법이었을 것이다.

드디어 모세 시대에 와서 하나님께서 율법으로 십일조를 드리도록 명시하신다. "너는 마땅히 매년 토지 소산의 십일조를 드릴 것이며 네 하나님 여호와 앞 곧 여호와께서 그의 이름을 두시려고 택하신 곳에서 네 곡식과 포도주와 기름의 십일조를 먹으며 또 네 소와 양의 처음 난 것을 먹고 네 하나님 여호와 경외하기를 항상 배울 것이니라"(신 14:22-23). 성경에는 "너는 마땅히 십일조를 드릴 것이며"라고 말씀하신다. 이 십일조는 마땅히 드려야 한다.

십일조는 첫 열매를 드리는 것과 연결되어 있다. "그리고 그 땅의 십 분의 일 곧 그 땅의 곡식이나 나무의 열매는 그 십 분의 일은 여호와의 것이니 여호와의 성물이라"(레 27:30). 성경에는 모든 수확의 십 분의 일은 하나님의 것이라고 분명하게 말씀하고 있다. 우리가 십일조를 드리는 것은 하나님이 나의 모든 것의 공급자라는 사실을 인정하는 것이다.

이스라엘 백성들은 첫 열매를 여호와 하나님께 드리면서 기뻐하였다. "네 재물과 네 소산물의 처음 익은 열매로 여호와를 공경하라. 그리하면 네 창고가 가득히 차고 네 포도즙 틀에 새 포도즙이 넘치리라"(잠 3:9-10). 대부분의 유대인은 잠언을 다 암송한다. 그들은 십일조는 반드시 지키고 있다. 유대인들이 세계의 모든 경제를 움직이는 축복을 누리고 있는 것에는 이유가 있다. 우리는 분명하게 알아야 한다. 십일조는 내 것이 아니라 하나님의 것이라는 사실을.

이제 구약성경의 마지막 책인 말라기서를 좀 살펴보자. 말라기서는 구약의 이스라엘 백성들에게 하나님께서 마지막으로 하신 말씀이다. 하나님은 이스라엘 백성들에게 말라기 선지자들을 통해 경고의 말씀을 하신다. 말라기서의 경고는 '예배'이다.

하나님은 이스라엘 백성들이 형식적이고 습관적으로 드린 예배를 책망하셨다. 하나님은 예배를 드릴 때 마음을 다하고 목숨을 다하고 힘을 다하는 참 예배를 원하셨다. 그런데 이스라엘 백성들은 예배드릴 때 눈먼 짐승과 절름발이 짐승을 제물로 드렸다. "만군의 여호와가 이르노라. 너희가 눈먼 희생제물을 바치는 것이 어찌 악하지 아니하며 저는 것, 병든 것을 드리는 것이 어찌 악하지 아니하냐. 이제 그것을 너희 총독에게 드려보라. 그가 너를 기뻐하겠으며 너를 받아주겠느냐"(말 1:8).

하나님은 이것에 진노하시면서 너희들이 아무리 기도해도 응답하지 않겠고, 아무리 은혜를 베풀어달라고 해도 주지 않겠다고 말씀하셨다. "만군의 여호와가 이르노라. 너희는 나 하나님께 은혜를 구하면서 우리를 불쌍히 여기소서 하여 보라. 너희가 이같이 행하였으니 내가 너희 중 하나인들 받겠느냐"(말 1:9).

급기야 하나님은 성전 문을 닫으라고 명하셨다. "만군의 여호와가 이르노라. 너희가 내 제단 위에 헛되이 불사르지 못하게 하기 위하여 너희 중에 성전 문을 닫을 자가 있었으면 좋겠도다. 내가 너희를 기뻐하지 아니하며 너희가 손으로 드리는 것을 받지도 아니하리라"(말 1:10).

그렇게 말씀하시면서 온전한 예배를 드리라고 하셨다. 그 온전한 예배를 말씀하시면서 십일조를 말씀하셨다. "사람이 어찌 하나님의 것을 도둑질하겠느냐. 그러나 너희는 나의 것을 도둑질하고도 말하기를 우리가 어떻게 주의 것을 도둑질하였나이까 하는 도다. 이는 곧 십일조와 봉헌물이라. 너희 곧 온 나라가 나의 것을 도둑질하였으므로 너희가 저주를 받았느니라"(말 3:8-9).

말라기는 구약성경의 마지막 책이다. 그 마지막 책에는 예배에 대한 말씀이 나온다. 그 예배의 핵심은 '십일조'와 '헌물'이다. 왜 십일조가 예배의 중심이 되는가? 물질이 있는 곳에 마음이 있기 때문이다. "너희 보물 있는 곳에는 너희 마음도 있으리라"(눅 12:34). 예수님은 보물이 있는 곳에 마음도 있다고 분명히 말씀하셨다. 십일조는 하나님의 것이다. 십일조는 내가 가진 모든 것이 하나님의 것이라고 표현하는 믿음이다. 십일조를 드리지 않는 것은 하나님의 것을 도둑질하는 짓이다.

하나님의 것을 하나님께 드리지 않는 예배는 예배가 아니다. 마음이 없는 예배는 하나님께서 받지 않으신다. 하나님은 말라기 선지자를 통해 온전한 예배를 드리려면 온전한 십일조를 하라고 말씀하셨다. 그냥 십일조가 아니다. 온전한 십일조를 말씀한다. 하나님은 눈먼 양이나 절름발이 양을 원치 않으시듯 대충 십일조나 적당히 드리는 헌금을 받지 않으신다. "만군의 여호와가 이르노라. 너희의 온전한 십일조를 창고에 들여 나의 집에 양식이 있게 하고 그것으로 나를 시험하여 내가 하늘 문을 열고 너희에게 복을 쌓을 곳이 없도록 붓지 아니하나 보라"(말 3:10).

십일조는 돈의 문제가 아니라 믿음의 문제이다. 하나님의 살아계심을 믿지 않는 자는 결코 십일조를 할 수 없다. 십일조는 마음을 바치는 온전한 예배이다. 십일조는 신앙의 가장 기본이다. 하나님은 하나님께 온전한 십일조를 드리는 자에게 축복을 약속하셨다. 하나님은 온전한 십일조를 하는 자에게는 하늘 문을 열고 복을 쌓을 곳이 없도록 부어주겠다고 약속하셨다.

존귀히 여김으로
십일조의 기적을 체험하라

온 우주에는 자연의 법칙이 있다. 물은 위에서 아래로 내려가고, 나무는 아래에서 위로 자라며, 아침이 오면 저녁이 오고, 봄에 씨를 뿌리면 가을에 수확을 한다. 부유함에도 법칙이 있다. 그것은 십일조이다. 다시 말라기 3장 10절을 보자. "만군의 여호와가 이르노라. 너희의 온전한 십일조를 창고에 들여 나의 집에 양식이 있게 하고 그것으로 나를 시험하여 내가 하늘 문을 열고 너희에게 복을 쌓을 곳이 없도록 붓지 아니하나 보라."

하나님께서 십일조에 대한 축복을 첨가할 이유가 없으시다. 하나님은 하나님의 것을 바치지 않는 유대인들을 꾸짖을 수 있는 권리가 있으시다. 하나님은 십일조를 하지 않는 자들에게 저주를 말함으로써 끝마칠 수도 있으시다. 그러나 하나님은 그렇게 하지 않으셨다. 감사하게도 하나님은 하나님 자신의 명예를 이 약속의 말씀 위에 두셨다. 하나님은 하나님의 말씀을 존귀하게 여기는 자를 귀히 여기신다.

미국 테네시주에 사는 제임스 밀비 박사는 최근 미국에서 가장 큰 생명보험회사의 이사장직에서 은퇴하였다. 밀비 박사를 만난 켄덜 목사가 그에게 물었다.

"이렇게 큰 사업가로 성공할 수 있었던 비결이 무엇입니까?"

켄덜 목사는 밀비 박사의 도움으로 대학공부를 마치고 목회자가 된 인연이 있었다.

그러자 밀비 박사는 한 치의 망설임도 없이 아주 간단하게 이렇게 대답했다.

모든 교인은 교회의 리더다

"오래전에 나는 사무엘상 2장 30절에 나오는 '나를 존중히 여기는 자를 내가 존중히 여기고 나를 멸시하는 자를 내가 경멸하리라'는 약속의 말씀을 의지하여 주님과 계약을 맺었습니다. 그때부터 나는 십일조를 시작하였습니다. 나는 아무런 수입이 없었을 때, 즉 십일조를 드릴 형편이 못되었을 때부터 십일조를 드렸습니다.

그러자 내가 하는 일마다, 그리고 사업을 바꿀 때마다 하나님께서 축복해주셨습니다. 나중에는 이렇게 큰 보험회사의 이사장이 되었지요. 나는 하나님과 계약을 맺고 50년 동안 한 번도 어김없이 약속을 지켰습니다. 내가 처음 하나님과 계약할 때는 사실 이런 엄청난 축복을 받을 줄 상상도 하지 못했습니다."

하나님은 하나님의 말씀을 존귀하게 여기는 자를 존귀히 여기신다. 우리가 하나님의 말씀을 존귀하게 여기지 않을 때 하나님은 우리를 경멸하신다. 하나님의 축복은 순종 위에 넘친다. 하나님은 우리가 원하는 그 이상으로 우리를 축복하길 원하신다.

하나님이 하늘 문을 연 적이 있는가? 노아의 홍수 때 하늘 문을 여셨다. 그다음 또 언제 하늘 문을 연다고 하셨는가? 우리가 온전한 십일조를 드릴 때다. 온전한 십일조를 하여 어마어마한 재벌이 된 사람이 있다. 바로 록펠러다.

그는 고등학교를 졸업한 평범한 사람이었지만 여섯 살 때부터 98세 천국에 갈 때까지 단 한 번도 빠짐없이 십일조를 드렸다. 그는 십일조만 드린 것이 아니라 십이조, 십삼조, 나중에는 십의 구조까지 드렸다. 그래서 결국 미국 전체 석유의 95%를 공급하는 세계 최고의 부자가 되었다. 그가 십의 구조를 드려 그의 십일조만 관리하는 직원이 40명이나 되었다고 한다. 하나님께서 온전히 십일조를 드린 록펠러에게 하늘 문을 여신 것이다.

이처럼 십일조를 드린 자에게는 하나님께서 하늘 문을 여시고, 생각지도 못한 기회가 찾아오게 하시며, 삶의 지경이 넓혀주시고, 신기한 풍요가 찾아오게 하신다. 당신의 자녀들이 가난의 고리를 끊기 원하는가? 그렇다면 부모인 당신부터 십일조의 모범을 보여라. 그리하여 신앙이 대물림되는 믿음의 가정을 이루라.

어떤 사람은 십일조는 구약의 율법이 아니냐고 반문하는 때도 있다. 아니다. 신약에도 십일조에 대한 교훈이 나온다. 우리 주님도 십일조에 대하여 말씀하셨다. 그렇다면 예수님은 십일조에 대하여 어떻게 말씀하셨을까? "화 있을진저 외식하는 서기관들과 바리새인들이여 너희가 박하와 회향과 근채의 십일조는 드리되 율법의 더 중한 바 정의와 긍휼과 믿음은 버렸도다. 그러나 이것도 행하고 저것도 버리지 말아야 할지니라"(마 23:23). 예수님은 분명 십일조도 하고 의와 인과 신을 행하여야 함을 말씀하셨다. 예수님은 십일조만 하고 마음대로 사는 바리새인들을 책망하신 것이다. 십일조만 하고 나머지 재정을 마음대로 써도 되는 것은 아니다. 예수님은 우리가 십일조를 드리고 나머지 십의 구도 경건하게 사용하길 원하셨다.

모든 교인은 교회의 리더다

당신 삶에 하나님의 보호막이 있길 원하는가? 그렇다면 온전한 십일조를 드려라. 하나님은 돈이 없어서 우리에게 십일조를 바치라고 말씀하시는 게 아니다. 하나님은 우리에게 하늘 문을 열고 우리를 축복하시기 위해, 우리를 방해하는 자들을 막아주시기 위해, 우리를 보호하시기 위해 십일조를 드리라고 말씀하시는 것이다.

어떤 사람은 십일조를 자기 마음대로 사용하는 경우가 있다. 예를 들어 자신의 고향교회에 드린다거나 자기 친척 중에 선교사가 있어 그분에게 드린다거나, 또는 아예 교회에 십일조를 드리지 않고 자기 마음대로 교회 일에 사용하는 경우이다. 그것은 자신이 하나님이 되는 것이다. 하나님은 그런 돈은 받지 않으신다. 십일조는 내가 내 마음대로 쓰면 십일조가 아니다. 십일조는 그냥 묻지 말고 하나님께, 하나님의 집에 드려야 한다.

십일조는 돈이 아니다. 믿음이다. 그렇기에 십일조를 통해 재정 문제로부터 자유롭게 되어야 한다. 성경에는 분명 십일조를 드리는 자에게 복이 임한다고 말씀하고 있다. 믿음 없는 자는 십일조를 할 수 없다. 돈은 힘이 없다. 그러나 믿음은 큰 능력이 있다. 십일조는 "내가 가진 모든 것은 다 하나님의 것이다"라는 믿음의 표현이다. 하나님은 하나님을 인정하는 사람에게 축복을 부어주신다.

그러면 여기서 우리가 갖게 되는 십일조에 대한 의문 몇 가지를 정리해보자.

1. 하나님은 왜 십일조는 만드셨을까?

하나님께서 모든 것의 주인이시고 우리는 단지 청지기라는 사실을 알게 하기 위함이다. 하나님은 아담에게 에덴동산에 있는 모든 것을 다 먹게 하셨지만 선악과는 먹지 말라고 명하셨다. 그 이유는 아담이 주인이 아니라 청지기라는 사실을 알게 하기 위함이었다. 십일조를 드리지 않으면서 예수님은 나의 주인이라고 말하는 것은 거짓 믿음이다.

2. 십일조는 어디에 드려야 하는가?

말라기 3장 10절에는 "나의 집 하나님의 집"이라고 밝혀 놓았다. 오늘날에는 자신이 영적으로 성장하고 가르침을 받은 곳에 십일조를 드리는 것이 마땅하다. 다시 말해 자신이 섬기는 교회에 드려야 한다. 십일조를 내 마음대로 정한 교회에 낸다는 것은 내가 하나님이 되는 것이다. 어떤 사람은 십일조로 선교도 하고 구제도 하고 교회 일에도 사용한다. 이것은 자신이 하나님이 되는 것이다.

3. 십일조를 드리고 싶은데, 빚이 있는 사람은 어떻게 해야 하는가?

빚을 다 갚은 뒤에 십일조를 하겠다는 사람은 내 지혜로, 내 생각으로 살겠다는 사람이다. 비록 빚을 더디 갚는 한이 있더라도 십일조를 먼저 해야 한다. 이런 사람이 진실로 하나님을 신뢰하는 사

모든 교인은 교회의 리더다

람이다. 하나님은 재정이 어려운 가운데 십일조를 드리는 사람의 마음을 아신다.

과부의 두 동전 이야기다. 예수님은 과부의 없는 살림에 드린 헌금을 다 아시고 칭찬하셨다. 칭찬만 하셨는가? 아니다. 주님께서 채워주셨을 것이다. 엘리야가 만난 사르밧 과부도 있다. 그 땅에 기근으로 먹을 것이 없을 때 엘리야가 과부에게 찾아가 하나님의 말씀을 전하면서 마지막으로 남은 가루로 작은 떡 하나를 만들어달라고 하였다. 그러자 과부는 즉시 순종하여 엘리야에게 작은 떡을 만들어주었다. 그때 기적이 일어났다. 통에 가루와 병에 기름이 떨어지지 않는 기적이 일어난 것이다. 이처럼 우리의 필요를 개의치 않고 하나님의 것을 하나님께 먼저 드릴 때 우리는 우리의 삶 속에서 역사하시는 하나님의 놀라운 은혜를 경험하게 된다.

나는 이 책을 읽는 모든 독자가 십일조를 드림으로써 십일조의 기적을 체험하길 바란다. 십일조를 드리지 않으면 물질로부터 절대 자유로울 수 없다. 나는 만약 내 아들이 십일조를 하지 않는다면 매로 때려서라도 가르칠 것이다. 이 글을 미천한 한 목사의 말로 듣지 않기를 바란다. 하나님의 말씀으로 받기를 원한다. 온전한 십일조를 드리지 않는다는 것은 하나님의 살아계심을 믿지 않는다는 것이다. 온전한 십일조를 드리지 않는다는 것은 하나님보다 돈을 의지한다는 방증이다.

혹시 교회에서 리더로 있는데 십일조를 드리지 않는 사람이 있는가? 지금부터라도 당장 하나님의 것을 하나님께 드리고 하나님을 주인으로 섬겨라. 우리는 영원히 살지 않는다. 우리는 정해진 시간 속에 살고 있기에 하나님께 드릴 수 있는 시간이 제한되어 있다. 하나님은 무엇이 부족하셔서 우리에게 십일조를 하라고 하시는 분이 아니다. 하나님은 말씀 한마디로 또 하나의 지구를 만드실 수 있는 능력의 하나님이시다.

십일조는 하나님이 돈이 필요해서 만드신 것이 아니라 우리에게 축복을 주시기 위한 통로이다. 하나님은 우리에게 축복을 주시길 원해서 우리의 믿음을 요구하신다. 하나님께 드리는 것은 우리의 특권이다. 십일조는 돈의 문내가 아니라 하나님을 향한 믿음이다.

당신은 온전한 십일조를 드리고 있는가? 그렇다면 더 선한 청지기로 살기 바란다. 우리가 가지고 있는 시간과 돈이 다 우리의 것이 아니라는 사실을 잊지 말고 매 순간 청지기로 살기 바란다. 주인은 곧 오신다.

모든 교인은 교회의 리더다

"그러므로 또한 내가 너희에게 가려 하던 것이 여러 번 막혔더니 이제는 이 지방에 일할 곳이 없고 또 여러 해 전부터 언제든지 서바나로 갈 때에 너희에게 가기를 바라고 있었으니 이는 지나가는 길에 너희를 보고 먼저 너희와 사귐으로 얼마간 기쁨을 가진 후에 너희가 그리로 보내주기를 바람이라. 그러나 이제는 내가 성도를 섬기는 일로 예루살렘에 가노니 이는 마게도냐와 아가야 사람들이 예루살렘 성도 중 가난한 자들을 위하여 기쁘게 얼마를 연보하였음이라. 저희가 기뻐서 하였거니와 또한 저희는 그들에게 빚진 자니 만일 이방인들이 그들의 영적인 것을 나눠 가졌으면 육적인 것으로 그들을 섬기는 것이 마땅하니라. 그러므로 내가 이 일을 마치고 이 열매를 그들에게 확증한 후에 너희에

게 들렀다가 서바나로 가리라. 내가 너희에게 나아갈 때에 그리스도의 충만한 복을 가지고 갈 줄을 아노라"(롬 15:22-29).

95세 된 어느 노인의 고백이다.

나는 젊었을 때 정말 열심히 일했다. 그 결과 나는 실력을 인정받고 존경을 받았다. 그 덕에 65세 때 당당히 은퇴할 수 있었다. 그런 내가 30년 후인 95세 생일에 얼마나 후회의 눈물을 흘렸는지 모른다. 내 65년 생애는 자랑스럽고 떳떳했지만 이후 30년의 삶은 부끄럽고 후회되고 비통한 삶이었다.

나는 퇴직 후, "이제 다 살았다. 남은 인생은 그냥 덤이다"라는 생각으로 그저 고통 없이 죽기만을 기다렸다. 덧없고 희망 없는 삶…. 그런 삶을 무려 30년이나 살았던 것이었다. 30년의 세월은 지금 내 나이 95세로 보면 3분의 1에 해당하는 기나긴 시간이었다. 만일 내가 퇴직할 때 앞으로 30년을 더 살 수 있다고 생각했다면 난 정말 그렇게 살지는 않았을 것이다. 그때 스스로 늙었다고, 뭔가를 시작하기에는 늦었다고…. 그렇게 생각했던 것이 큰 잘못이었다.

나는 지금 95세지만 정신이 또렷하다. 앞으로 10년, 20년을 더 살지도 모른다. 이제 나는 하고 싶었던 어학공부를 시작하려고 한다. 그 이유는 단 한 가지! 10년 후 맞이하게 될 105번째 생일날 95세 때 왜 아무것도 시작하지 않았는지 후회하지 않기 위해서다.

모든 교인은 교회의 리더다

이 95세가 된 노인이 새로운 언어를 배우겠다는 열정에 도전이 된다. 95세라는 나이는 열정을 가진 사람에게는 장애물이 아니라 단지 숫자에 불과하다. 우리 몸에는 수많은 장기가 있는데 평생 단 1초도 쉬지 않는 장기가 있다. 그 장기가 무엇인지 아는가? 바로 심장이다. 심장은 하루에 10만 번씩 박동한다. 그래서 다른 장기들은 다 암에 걸려도 심장은 암에 걸리지 않는다고 한다. 그만큼 열정적으로 살기 때문이란다.

당신에게는 멈추지 않고 고동치는 심장이 있다. 이런 심장을 허락하신 분이 하나님이다. 하나님은 우리가 열정적으로 살기를 원하신다. 매일 먹고살 걱정만 하고 생활에 질질 끌려다니며 피해자로 인생을 마감하지 않고 매일 열정 넘치는 인생을 살기 바라신다. 지금 당신의 나이가 아무리 많아도 열정이 있다면 당신은 살아 있는 사람이다. 이런 말이 있다. "당신에게 불이 붙지 않았다면 당신은 그 누구의 가슴에도 불을 붙일 수 없다." 혹시 요즘 열정도 없이 그냥 대충 살아가고 있지는 않은가? 오늘 그 심장에 열정의 불이 붙게 되길 바란다.

이렇게 중요한 열정에는 여러 종류가 있다. 십대에는 배움에 대한 열정, 20대와 30대에는 사랑을 향한 열정, 40대와 50대에는 돈과 성공을 향한 열정, 60대에는 권력을 향한 열정이 있다고 한다. 열정에 관한 대표적인 사람을 말하라고 하면 단연 스티브 잡스를 꼽을 것이다. 그런 스티브 잡스가 스탠퍼드대학 졸업식 강사로 초청되어 이런 말을 했다고 한다.

"Stay Hungry. Stay Foolish."

(배고픈 자로 남아 있으라. 어리석은 자로 남아 있으라.)

다시 말하면 무엇인가에 만족하지 말고 계속 배고픈 자처럼 살고 아직도 더 배워야 하는 자로 살라는 뜻이다.

정말 스티브 잡스는 자신의 연설처럼 일에 대한 열정으로 애플 컴퓨터를 만들고 아이폰을 창조하였다. 그리고 아이패드를 만들어서 세상을 깜짝 놀라게 했다. 그렇다면 그는 정말 후회 없는 인생을 살았을까? 인간적인 생각으로는 그럴지 모르지만 하나님의 관점에서는 그렇지 않다. 그는 세상에선 성공했을지 모르지만 영원한 천국에 대한 준비가 없었다. 그가 유명했는지는 모르지만 그는 단 한 사람의 영혼도 살리지 못한 낭비한 인생이었다. 그렇기에 우리는 우리의 열정이 무엇을 위한, 무엇을 향한 열정인지 주의 깊게 살펴봐야 한다.

비전은 실패를 통해 성숙된다

사도 바울은 로마에 있는 교회를 위해 1장에서 15장까지 거침없이 로마서를 기록했다. 그는 지금 고린도라는 항구도시에서 로마서를 기록하고 있다. 그 당시에는 지금처럼 종이나 펜이 없었기에 양가죽이나 파피루스 같은 것에 글을 써야 하는 불편한 시대였다. 그

모든 교인은 교회의 리더다

러나 그에게는 '복음 전도'라는 열정이 있었기에 긴 편지를 불평 없이 쓸 수 있었다.

우리는 이런 바울의 비전을 로마서 15장을 통해 엿볼 수 있다. 그는 서바나에 가고자 하는 비전을 품고 있었다. "그러므로 또한 내가 너희에게 가려 하던 것이 여러 번 막혔더니 이제는 이 지방에 일할 곳이 없고 또 여러 해 전부터 언제든지 서바나로 갈 때에 너희에게 가기를 바라고 있었으니 이는 지나가는 길에 너희를 보고 먼저 너희와 사귐으로 얼마간 기쁨을 가진 후에 너희가 그리로 보내주기를 바람이라"(롬 15:22-24). 바울의 관심은 온 세상 끝까지 복음을 전하는 것이었다. 여기에 '서바나'는 그 당시 유럽의 끝인 스페인을 말한다. 이처럼 바울은 비전의 사람이었다.

바울은 원래 평범한 유대인으로 자라 유대인으로 성공하길 원했다. 그는 그 당시, 당대 최고의 학자인 가말리엘의 문하생이 되어 최고의 학문을 공부하였고 유대교에 열심을 내어 바리새인까지 되었다. 그는 유대인으로서 성공한 사람이다. 그는 유대교에 반대하는 자들을 잡아 감옥에 가두어 들임으로써 유대교에서 유명한 사람이 되었다.

그런데 그가 다메섹에서 예수님을 만나는 순간 눈이 멀고 캄캄한 세계에 갇히게 되었다. 얼마 후 아나니아라는 사람이 와서 그에게 안수하자 성령이 임하고 눈을 뜨는 역사가 일어났다. 그때 아나니아가 바울에게 "너는 이방의 복을 전하는 빛"이라는 비전을 말해주었다. 그날 이후 바울의 인생은 완전히 바꾸었다. 세상의 성공신화를 향해 살던 그가 복음을 향해 살기 시작했다. 이 땅의 것을 위해 살던 그가 영원한 땅을 향해 살기 시작했다. 눈에 보이는 이 세상을 향해 살던 그가 눈에 보이지 않는 영원을 향해 살기 시작했다.

바울은 처음 선교여행을 떠날 때 아시아의 선교에 대한 비전을 품고 떠났다. 그는 제1차 전도여행을 하면서 수많은 핍박과 박해 속에서도 교회를 세워나갔다. 핍박을 받으면 받을수록 바울의 비전은 더욱 커졌다. 마친 영국의 속담처럼 말이다. "거친 파도는 노련한 어부를 만든다."

바울의 열정을 간략하게 전도여행으로 표현하면 바울은 제1차 전도여행을 하면서 복음에 대한 비전이 점점 더 커졌다. 바울은 제2차 전도여행을 하다가 아시아를 넘어 유럽을 가게 되었다. 그리고 제3차 전도여행을 하다가 고린도에서 로마서를 기록하였다. 바울의 비전은 전도여행을 하면 할수록 더욱 커졌다. 그는 이제 로마를 넘어 땅끝 서바나, 즉 스페인까지 복음을 들고 갈 비전을 갖게 되었다.

이 세상에는 살면 살수록 꿈이 커지는 사람이 있는가 하면 살면 살수록 꿈이 작아지는 사람도 있다. 대부분의 사람은 어릴 때는 꿈을 크게 꾸다가도 살아가면서 나이가 들수록 꿈이 작아지거나 시들해진다. 어릴 때는 대통령, 중고등학생 때는 장관, 대학생 때는 직장에 들어가기만 한다면, 청년 때는 장가만 갈 수 있다면…. 당신은 나이가 들수록 세상의 꿈은 작아져도 영원을 향한 꿈은 점점 커지기 바란다. 비전은 기도의 눈물을 먹고 자란다. 비전은 실패를 통해 성숙한다. 비전은 고난을 통해 더욱 거룩한 비전을 갖게 해준다.

신앙의 솔트 라인을 확장하라

바다와 강물 사이에 그 경계선을 'salt line'이라고 한다. 이 솔트 라인은 수시로 변한다. 비가 많이 와서 강물이 불어나면 솔트 라인은 바다로 밀려 내려간다. 반대로 가뭄이 되어 강물이 줄어들면 솔트 라인은 강의 상류까지 밀려 올라온다. 우리 신앙생활에도 솔트 라인이 있다. 우리는 세상과 영원을 동시에 살고 있다. 믿음이 커지면 세상의 욕심을 밀어내고 믿음이 작아지면 세상의 욕심이 밀려온다. 인생을 살면 살수록 믿음이 커져서 신앙의 솔트 라인, 즉 영원한 땅을 향한 비전, 복음 전도의 비전이 더욱 커져야 한다. 이것이 우리의 열정이 되어야 한다.

사도 바울은 신앙의 솔트 라인이 더욱 커져 로마를 가기 전 예루살렘교회가 기근으로 어렵다는 말을 듣고 선교지에서 구제헌금을 모아 먼저 예루살렘을 가고자 했다. "그러나 이제는 내가 성도를 섬기는 일로 예루살렘에 가노니 이는 마게도냐와 아가야 사람들이 예루살렘 성도 중 가난한 자들을 위하여 기쁘게 얼마를 연보하였음이라"(롬 15:25-26). 바울이 예루살렘에 들어가는 일은 맨몸으로 사자궁 속에 들어가는 것이나 마찬가지다. 왜냐하면 바울을 죽이지 아니하면 식음을 전폐하겠다는 자들이 40명이나 기다리고 있었기 때문이다. 그런데도 바울은 그 죽음이 기다리는 예루살렘을 향해 들어갔다.

그가 밀레도 항구에서 에베소 장로들을 모아 놓고 마지막으로 한 말을 기억하는가? "내가 달려갈 길과 주 예수께 받은 사명 곧 하나님의 은혜의 복음을 증언하는 일을 마치려 함에는 나의 생명조차 조금도 귀한 것으로 여기지 아니하노라"(행 20:24). 바울, 그는 성공을 향해 살지 않았다. 그는 이 땅의 것을 향해 살지 않았다. 그는 죽는 것도 마다하지 않았다. 그의 최고의 관심은 복음 전도였다. "그러므로 내가 이 일을 마치고 이 열매를 그들에게 확증한 후에 너희에게 들렀다가 서바나로 가리라"(롬 15:28). 바울은 로마서 15장에서 서바나로 가겠다는 결심을 두 번이나 기록하고 있다.

그렇다면 바울이 정말 서바나(스페인)로 갔을까? 성경에는 바울이 서바나로 갔다는 기록이 없다. 그런데 왜 성경은 바울이 성공하지도 못한 일을 기록하고 있을까? 이것은 바울이 실패한 비전이지만 후세의 사람들에게 의미를 부여하고자 한 것이다. 이것은 지금 우리가 복음을 향한 비전을 이루지 못해도 거룩한 비전을 갖는 것만으로도 가치가 있다는 뜻이다. 하나님은 당신이 거룩한 비전을 품고 열정적으로 노력한 것만으로도 기뻐하신다. 그렇기에 우리는 하나님이 기뻐하시는 꿈, 하나님이 기뻐하시는 비전을 크게 갖고 행해야

모든 교인은 교회의 리더다

한다. 결과는 우리의 몫이 아니다. 결과는 하나님의 몫이다. 하나님께 맡기고 우리는 비전을 품고 노력하기만 하면 된다.

사도 바울은 이 비전을 이루지 못하고 로마에 가서 순교로 생을 마쳤다. 바울에게는 큰 비전과 함께 멈추지 않는 열정이 있었다. 그는 제1차 전도여행 후 힘들다고 쉬지 않았다. 그는 제2차 전도여행 후 이제 나이가 들어 어렵다고 해서 쉬지 않았다. 그는 제3차 전도여행 후 이제 충분히 다 했다고 멈추지 않았다. 그가 고린도에서 스페인까지 가려면 약 2,400km나 되는 머나먼 길을 가야 한다.

바울이 로마서를 쓸 당시에는 차나 비행기가 없었다. 대부분 마차나 배로 갔다. 그 당시 배는 엔진이 없는 바람을 이용하는 배였다. 이 정도 거리면 일 년으로는 부족하고 족히 2~3년은 걸리는 거리였다. 그런데 바울은 서바나, 지금의 스페인을 꼭 가겠다는 비전을 품었다. 이것은 정말 멈추지 않는 열정이다. 당신에게도 천국에 가는 그날까지 이런 멈추지 않는 복음의 열정이 있길 바란다. 오늘날 그리스도인들은 이 복음의 열정이 시들어버린 게 문제이다. 세상의 성공을 향한 열정은 불타오르는데 복음을 향한 열정이 도리어 식어버렸다.

우리는 창세기 25장에 나오는 에서와 야곱의 이야기를 잘 알고 있다. 여기서 에서의 문제가 무엇인가? 에서는 눈에 보이는 팥죽 한 그릇에 눈에 보이지 않는 장자의 축복을 우습게 여기고 팔아버린 것이다. 에서는 지금 당장의 허기진 배를 채우기 위해 미래의 축복을 버린 것이다. 하나님께서 왜 야곱을 선택하셨는가? 비록 야곱은 성격도 모나고 남을 속이는 인격적인 결함도 있었지만 그는 미래의 축복을 선택한 믿음이 있었기 때문이다.

　　진짜 성공은 이 세상에서 평가되는 것이 아니라
　　하나님 앞에서 평가받는다는 사실을 잊지 마라.

　지금의 성공이 진짜 성공이 아니다. 지금의 가난이 진짜 가난이 아니다. 오늘 죽었다고 가정할 때 천국에서 아무런 상급이 없는 그 사람이 진짜 실패자이며 가난한 사람이다. 당신은 인생에서 가장 가치 있는 열정, 즉 복음의 열정을 갖길 바란다. 인생은 짧다. 이 세상만을 위해 살다가 일생을 마칠 순 없다. 우리는 죽음을 향해 가고 있다. 우리는 때때로 이 사실을 잊어버린다. 인생의 목표는 이 세상의 성공이나 이 세상의 행복이 아니다. 인생은 천국을 준비하는 기간이라는 사실을 잊어서는 안 된다. 이 세상에서 행복하지 않아도 된다. 이 세상에서 성공하지 않아도 된다. 지금 당장 눈에 보이는 것, 이 세상의 것에 안주하지 마라.

　인도네시아 수마트라 북부에 바탁족이 산다. 그들은 모두 모슬렘이었다. 오래전 선교사 부부가 그곳에 복음을 전하기 위해 들어갔다. 그런데 그 부부는 복음을 전하기도 전에 붙잡혀서 죽을 처지에

모든 교인은 교회의 리더다

놓였다. 그들은 아무런 저항도 하지 않고 그냥 가지고 간 성경만 내주고 죽임을 당했다.

그리고 얼마 후 또 다른 선교사 부부가 복음을 전하기 위해 그곳에 들어갔다. 그들도 마찬가지로 복음을 전하기도 전에 붙잡혔지만 역시 아무런 저항도 하지 않고 가지고 간 성경만 내놓았다.

지난번 선교사 부부와 똑같은 행동을 하는 그들을 본 족장은 신기하기도 하고 궁금하기도 했다. 왜 자신들의 목숨이 촌각에 걸렸는데도 아무 말 없이 그저 지난번 선교사 부부와 똑같은 행동을 하는지 들어보고 싶었다.

그리고 그 선교사 부부의 얘기는 다 들은 족장은 예수를 믿게 되었고, 그 뒤 순식간에 온 부족에 복음이 전파되었다. 지금은 그 섬 전체 인구 3백만 명이 다 예수를 믿고 있다.

그렇다면 첫 번째 선교사 부부는 실패한 인생이고 두 번째 선교사 부부는 성공한 인생인가? 아니다. 두 선교사 부부 모두 가치 있는 비전을 위해 산 사람들이다. 그들은 세상이 아니라 영원을 향해 살았던 사람들이다.

로마서 15장에서 말하는 바울의 열정을 다시 한번 보라. 그의 마음에는 아무런 비판이나 비난, 불평이 없었다. 그의 마음에는 오직 예루살렘교회를 든든히 세우고 스페인까지 복음을 전하고자 하는 열정만 가득했다. 이 복음이 최고의 축복이다. 이 복음이 죽은 자를 살린다. 이 복음이 죽은 가정을 살린다. 이 복음이 죽은 나라를 살린다.

우리는 당장 눈에 보이는 것을 위한 열정을 내려놓고 영혼을 구원하는 복음 전도에 대한 열정을 가져야 한다. 겨우 나 혼자 구원받은 것으로 만족해서는 안 된다. 겨우 나 혼자 천국에 가는 것으로 행복해서는 안 된다. 당신이 혼자 천국에 가면 "이 좋은 천국을 너 혼자 오다니 어찌 된 일이냐?" 하며 하나님께서 황당해하실 것이다. 구역은 모여서 내가 받은 상처만 나누는 단계를 넘어 영혼 구원을 위한 열정을 가져야 한다. 불신자를 전도하여 또 다른 분 구역을 만들고자 하는 거룩한 욕심을 내야 한다.

그렇다면 우리는 어떻게 하면 이런 가치 있는 복음 전도의 열정을 가질 수 있을까?

복음의 열정으로 천국 상급을 바라보라

사도 바울은 그의 마지막 편지인 디모데후서 4장 7~8절에서 이렇게 말했다. "나는 선한 싸움을 싸우고 나의 달려갈 길을 마치고 믿음을 지켰으니 이제 후로는 나를 위하여 의의 면류관이 예비되었으므로." 그는 발을 땅에 딛고 있었지만 그의 마음은 언제나 천국 상급을 향해 살았다. 그는 천국에 시선을 고정하였다. 천국에 시선을 고

모든 교인은 교회의 리더다

정한 사람은 이 땅에 남아 있는 시간을 단 일 초도 낭비하지 않는다.

당신이 정말 복음 전도의 열정을 품길 원한다면 천국을 확신하기 바란다. 예수를 믿는다고 하면서도 이 세상만을 위해 사는 사람은 천국을 믿지 않는 자이다. 진실로 천국이 있다는 사실을 믿는다면 영혼 구원을 위해 살 것이다. 당신이 전도한 사람들은 모두 천국의 면류관이 될 것이다. 당신이 이 땅에서 직접 전도한 사람이 몇 명이나 되는가? 이 땅이 아닌 천국에서의 상급을 더욱더 바라라. 오늘이 당신 인생에 마지막 날이라면 무엇을 하겠는가? 하루하루가 마지막 날이라고 생각하며 영원한 천국에서 더 가치 있는 일을 하기 바란다.

나는 언젠가 세계적인 한국인 발레리나의 인터뷰를 본 적이 있다. 그 사람은 하루에 발레를 18시간이나 연습한다고 말했다. 정말 얼마나 연습을 많이 했는지 발 사진을 보았는데 발가락이 거의 문드러질 정도였다. 그 사람의 열정에 도전이 되었다. 하지만 우리가 천국에 갔을 때 "하나님, 저는 춤만 추다가 왔습니다. 피아노만 치다가 왔습니다. 노래만 하다가 왔습니다"라고 말할 수는 없다. 당신이 가진 은사가 영혼 구원의 도구로 사용되기 바란다.

우리는 내 꿈보다 중요한 하나님의 꿈을 이루어야 할 성도들이다. 나는 세상의 부자들이 부럽지 않다. 나는 한 영혼을 구하는 전도자로 살기에 내가 더 부자다. 나는 일 년에 아무리 못해도 100여 명은 족히 직접 전도한다. 천국에 가치를 두고 살기에, 천국에서 상급이 넘치기에 내가 더 부자이고 세상의 부자들이 전혀 부럽지 않다. 솔로몬왕이 아무리 유명하고 크고 아름다운 것을 다 누렸지만 그는 죽을 때 "인생은 헛되고 헛되고 헛되니 모든 것이 헛되도다"라고 허무를 말했다. 이처럼 자신을 위해 살면 허무하다. 세상을 위해 살면 허무하다. 그러나 복음 전도의 열정으로 천국을 위해 살면 허무하지가 않다.

레이첼은 미술교사다. 그녀는 피카소에 열광해서 그녀의 방에는 피카소의 그림들로 거의 도배가 되어 있다. 물론 복사판이지만 말이다. 피카소의 그림 한 장이 수천만 달러를 호가하니 감히 원본은 살수가 없다. 가난한 미술선생 레이첼에게는 그야말로 그림의 떡이다. 그래도 그녀는 비록 복사판이기는 하지만 피카소의 그림을 보며 행복해했다.

어느 날, 레이첼이 사는 동네에 미술품 벼룩시장이 열렸다. 참새가 방앗간으로 날아들 듯 레이첼도 그곳에 가서 미술품들을 구경했다. 한참을 둘러보던 레이첼은 어떤 한 그림을 발견하고 숨이 멎는 것 같았다. 한쪽에 빼곡히 쌓여 있는 그림들 속에 피카소의 그림으로 보이는 그림 한 장이 눈에 들어온 것이다.

그녀는 그 그림을 조심스럽게 빼내어 살펴보았다. 피카소 전문가가 다 된 그녀에게 그 그림은 피카소의 것이 분명해 보였다. 그런데 가격은 2만 달러였다! 이럴 수가! 판매자에게 물어보았더니 피카소의 그림인지 아닌지 자기는 잘 모르겠다고 한다. 보통 피카소는 자신의 이름을 그림의 밑부분에 써놓는데 그 그림에는 피카소의 이름 첫 글자들만 쓰여 있어서 진품인지 의심스럽다는 것이다.

하지만 레이첼은 알고 있었다. 피카소가 초기 무명시절에는 자신의 서명 전체가 아닌 이니셜만 그림에 써놓았다는 사실을 말이다. 그녀의 가슴은 터질 듯 쿵쾅거리기 시작했다. 이 피카소의 초기 작품을 경매시장에 내놓으면 적어도 4천만 불을 받을 수 있기 때문이다. 그녀는 확대경을 꺼내서 다시 그 그림을 구석구석 찬찬히 살피기 시작했다. 피카소의 그림이 틀림없다고 확신한 그녀는 그 그림을 사기로 마음먹었다.

하지만 문제는 '돈'이었다. 가난한 미술교사인 그녀에게 당장 2만 달러를 만드는 것은 거의 불가능해 보였다. 그녀는 우선 그림 주인에게 자신이 수중에 가지고 있는 돈을 박박 긁어서 계약금으로 주었다. 그리고 저녁때까지 2만 달러를 가지고 올 테니까 다른 사람이 그 그림을 볼 수 없게 창고에 잘 보관해달라고 부탁했다.

그녀는 집으로 돌아왔다. 무슨 수를 써서라도 2만 달러를 마련해야 했다. 그녀는 그동안 모은 모든 그림을 잘 아는 미술품 가게에 헐값으로 넘기고 자신이 타고 다니던 소형차도 중고차 판매상에게 넘겼다. 그리고 자신의 통장에 들어 있던 현찰을 찾고 붓고 있던 적금을 깼다. 계약 위반이라고 위협하는 집주인에게 사정사정해서 월세도 해약하고 얼마 되지 않는 보증금을 돌려받았다. '잠은 당분간 친구 집에 가서 자면 되니까' 라고 생각했다.

그래도 돈이 모자라자 자신이 쓰던 붓과 미술 도구들도 다 헐값에 동료 미술교사에게 넘겼다. 그러고도 모자란 돈은 아버지에게 전화를 걸어 빌렸다. 월급 타서 갚겠노라고 말씀드리고…. 그렇게 해서 2만 달러가 다 모였다!

해는 거의 넘어가고 있었고 벼룩시장이 문 닫을 시간이 다가오고 있었다. 이리저리 뛰어다니느라 숨이 턱까지 찬 그녀는 시계를 본 후 아래층에 사는 자신의 학생인 제니퍼의 자전거를 빌려 타고 벼룩시장을 향해 미친 듯이 페달을 밟았다. 그녀는 이제 아무것도 없다. 타고 다닐 자동차도, 그림 그릴 붓도, 밥 먹고 잠잘 집도 없다. 하지만 이제 드디어 그녀는 피카소의 그림을 소유하게 될 것이다. 그리고 그 그림을 경매에 올리면 그녀는 백만장자, 아니 억만장자가 될 것이다.

"천국은 마치 밭에 감추인 보화와 같으니 사람이 이를 발견한 후 숨겨 두고 기뻐하며 돌아가서 자기의 소유를 다 팔아 그 밭을 사느니라"(마 13:44). 당신은 천국의 가치를 알고 있는가? 영혼 구원의 가치를 정말 알고 있는가? 그렇다면 그 천국을 위해, 복음 전도를 위해 자신의 모든 것을 내려놓고 다 투자할 수 있는가? 복음 전도를 위한 수고와 노력은 희생이 아니라 투자이며 상급이고 축복이며 행복이다.

당신이 천국에 가면 주님이 무엇이라고 말씀하시겠는가? 당신이 천국에 가면 상급이 얼마나 많겠는가? 오늘 죽어 천국에 가면 무슨 상급이 있을 것인가? 이 땅의 유익만을 위해 살지 마라. 영원한 땅을 위해 사는 복음 전도의 삶을 살아라. 복음 전도는 하나님의 마음이다. 복음 전도는 우리의 사명이다. 복음 전도는 행복이다. 그렇기에 우리는 영원한 행복을 위해 사는 성도가 되어야 한다.

구세군 창시자 윌리엄 부스는 만나는 사람마다 "Are you still burning?"(당신의 심장은 여전히 불붙고 있습니까?)라고 물었다. 나도 당신에게 묻고 싶다. 당신의 심장은 복음의 불이 붙어 있는가? 오늘 그 불이 붙게 되길 바란다. 우울하게 살지 마라. 생활에 질질 끌려 살지 마라. 남들과 비교하며 열등감을 가지고 살지 마라.

당신에게는 이 세상에 있는 사람들을 살리는 복음이 있다. 당신이 열정적으로 살면 수많은 사람이 살아날 수 있다. 당신이 복음의 열정을 가지고 살면 수많은 사람이 영원히 살 수 있다. 당신 주위에는 당신이 만나야 할 사람들이 있다. 당신 주위에는 당신이 복음을 전해주길 기다리는 사람들이 있다. 당신이 한 명을 구원했다면 천하를 얻은 것보다 더 소중한 일을 한 것이다. 불붙는 인생을 살기 바란다. 불붙은 인생은 신나는, 살맛 나는 인생이다. 오늘 당신의 가슴에 그 불을 지피기 바란다.

우리가 일생을 마치고 하나님 앞에 섰을 때 주님께서 "너는 인생을 참으로 가치 있게 보냈구나. 너는 참 나의 소중한 사람이구나"라고 하시는 이런 말을 들을 수 있는 삶을 살아야 한다. 그것이 아니라 우리가 주님 앞에 섰을 때 "너는 이 세상에 있었을 때 나에게 아무런 도움이 안 되었구나. 너는 사나 마나 한 인생만 살았구나" 하는 책망을 듣는다면 참으로 슬픈 인생이 될 것이다.

당신에게는 열정이 있다. 그 열정이 천국을 향한 열정이 되길 바란다. 영원히 가치 있는 일을 향한 열정에 불이 붙길 바란다. 당신에게는 복음으로 가정을 살릴 열정이 있다. 당신에게는 다음세대를 선교사로 키울 열정이 있다. 당신에게는 불신 이웃들을 살릴 열정이 있다. 당신에게는 몇 개의 민족을 살릴 열정이 있다.

당신이 영원에 대한 열정을 가지면 지금과는 전혀 다른 인생이 펼쳐질 것이다. 당신의 인생은 결코 시시한 인생이 아니다. 당신이 부족해도 복음의 열정을 가지면 하나님이 당신을 놀랍게 쓰실 것이다. 당신이 교회의 리더인가? 그렇다면 무엇보다도 복음을 전하고자 하는 열정에 불붙어야 한다. 이 불이 없는 자는 리더의 자격이 없는 자다. 당신이 살아 있는 이유는 복음을 전하기 위함이다. 이 복음의 열정을 품어라!

"예수께서 나아와 말씀하여 이르시되 하늘과 땅의 모든 권세를 내게 주셨으니 그러므로 너희는 가서 모든 민족을 제자로 삼아 아버지와 아들과 성령의 이름으로 세례를 베풀고 내가 너희에게 분부한 모든 것을 가르쳐 지키게 하라. 볼지어다. 내가 세상 끝 날까지 너희와 항상 함께 있으리라 하시니라"(마 28:18-20).

비전의 중요성은 누구나 다 안다. 비전은 마음에 원하는 간절한 소원이다. 비전은 목표이다. 비전은 방향이다. 비전은 씨앗이다. 마음에 품지 않은 씨앗은 절대 현실로 나타나지 않는다. 암탉이 무정란을 품고 아무리 오래 있어도 알을 낳지 못한다. 그러나 유정란을 품고 있으면 21일 만에 정확하게 병아리가 태어난다. 그렇기에 우리는 현실의 어려움만 보고 낙심하지 말고 비전을 품고 도전해야 한다.

미국에 선천적으로 오른팔 팔목 밑이 없이 태어난 짐 에보트라는 사람은 왼팔 하나로 유명한 투수가 되었다. 그는 어릴 때부터 야구투수에 대한 비전을 갖고 왼팔로 야구공을 던지고 또 던져, 드디어 장애인 올림픽이 아니라 일반 올림픽 국가대표 투수가 되었다. 그는 이런 말을 남겼다. "나는 운동장에 들어갈 때마다 장애가 있는 내 오른팔을 보지 않았습니다. 나는 내 비전을 보았습니다."

이처럼 비전을 갖는 것은 중요한 일이다. 성경에는 비전 없는 사람은 방자하게 시간을 낭비한다고 말씀한다. "묵시가 없으면 백성이 방자히 행하거니와 율법을 지키는 자는 복이 있느니라"(잠 29:18). 이 말씀을 KJV 영어성경에서는 "Where there is no Vision, the people Perish", 즉 "비전이 없는 백성은 망한다"라고 번역하고 있다. 맞는 말이다. 비전이 없는 사람은 망한다. 비전이 없는 가정은 망한다. 비전이 없는 교회는 망한다. 비전이 없는 민족은 망한다.

비전이 분명하지 않은 사람은 하나님께서 주신 소중한 자원인 시간이라는 자원을 하수도에 더러운 물을 버리듯이 아무렇게나 방자하게 다 낭비해 버린다. 그렇기에 비전이 없는 사람은 망한다. 비전이 없는 사람은 이미 실패를 계획하고 있는 것이고 실패의 인생을 사는 것이다. 비전이 없는 사람은 살았지만 죽은 사람이다.

그러나 비전을 품으면 그 비전이 마음에 설렘을 주고 기대감을 준다. 무엇이든지 이룰 수 있다는 성취감을 준다. 할 수 있다는 자신

모든 교인은 교회의 리더다

감을 준다. 그렇다면 이런 비전은 어떻게 생기는 것일까?

첫 번째로 대부분 사람의 비전은 가정에서 생긴다. 가난한 가정에서 자란 사람은 돈에 대한 비전이 생기고, 어릴 적에 질병을 앓았거나 가족 중에 아픈 사람이 있었던 사람은 의사에 대한 비전을 갖게 된다.

두 번째로 아픔이 비전으로 바뀐다. 십대 시절을 아프게 보낸 사람은 청소년을 위한 비전이 생기고, 깨어진 가정에서 자란 사람은 건강한 가정에 대한 비전이 생겨 가정사역자가 되는 경우가 잦다. 나라를 잃은 사람은 나라를 찾고자 하는 비전이 생긴다. 그래서 고난을 뒤집으면 비전이 된다.

세 번째는 사람이나 책을 만남으로써 비전이 생긴다. 부모가 의사이면 자녀도 의사가 되고 싶고, 부모가 운동선수나 예술가면 자녀도 운동선수나 예술 쪽의 일을 하고 싶어 하는 경우가 많다. 학교 스승이나 교회 선생님도 좋은 영향을 준다. 그래서 인생은 만남이 중요하다. 누구를 만나느냐에 따라 비전이 완전히 달라진다.

학창시절에 피아니스트의 연주를 한 번 보고 피아니스트에 대한 꿈을 갖기도 하고, 대통령과 악수를 한 번 하고 난 뒤 대통령에 대한 비전을 품기도 한다. 비전은 사람을 통해서도 생기고 책을 통해서 생기기도 한다. 이런저런 비전을 다 포함해서 대부분의 평범한 세상 사람들은 부자가 되는 것이 비전이고, 성공하는 것이 인생의 목표이며, 유명해지는 것이 소원이다. 그러나 이런 것들은 말이 좋아 비전이지 그냥 내 욕심을 채우는 야망일 뿐이다.

나의 야망이 아닌
하나님의 비전을 품어라

    미국에 에드라는 사람이 있었다. 그는 열심히 일하는 회사원으로, 삶의 반 이상을 출장으로 보냈다. 그는 거의 휴가도 가지 않았다. 그리고 좀처럼 집에도 있지 못했다. 그는 어디에 있어도 핸드폰이 빗발쳤다. 그의 아내는 에드가 집에 있는 것보다 다른 나라에 출장 나가 있을 때가 더 친숙하게 여겨졌다.

    에드가 이렇게 분주하게 사는 이유는 그가 흔들리지 않는 신념이 있기 때문이었다. 그의 신념은 젊은 날에 더 많은 경력을 만들고 더 많은 성공을 해야 한다는 것이었다. 오직 성공만을 위해 살아가는 에드에게는 가족과 교회는 단지 삶의 찌꺼기에 불과했다.

    우리는 야망을 이루기 위해 태어난 사람들이 아니다. 우리는 하나님의 계획에 따라 이 세상에 태어났다. 그 말은 하나님께서 우리를 이 세상에 보낼 때 하나님의 특별한 목적이 있었다는 것이다. 그렇기에 우리는 내 꿈을 이루기 위해 살기보다는 하나님의 꿈을 이루기 위해 살아야 한다. 우리는 성경에 나오는 믿음의 사람들을 통해 하나님의 비전을 이루기 위해서는 어떻게 살아야 하는지, 그 믿음의

모든 교인은 교회의 리더더

여정을 배워야 한다.

노아는 방주를 지을 비전이 없었다. 그냥 어느 날 하나님께서 그에게 방주를 지을 비전을 주셨다. "하나님이 노아에게 이르시되 모든 혈육 있는 자의 포악함이 땅에 가득하므로 그 끝날이 내 앞에 이르렀으니 내가 그들을 땅과 함께 멸하리라. 너는 고페르 나무로 너를 위하여 방주를 만들되 그 안에 칸들을 막고 역청을 그 안팎에 칠하라"(창 6:13-14). 노아는 그 비전을 위해 120년 동안 산 위에서 배만 만들었다. 주위 사람들이 다 미쳤다고 말했지만 괘념치 않았다.

아브라함은 본토 친척 아비 집을 떠날 계획이 없었다. 그런데 그의 나이 75세가 되던 날 하나님께서 그에게 본토 친척 아비 집을 떠나라는 황당한 비전을 주셨다. "여호와께서 아브람에게 이르시되 너는 너의 고향과 친척과 아버지의 집을 떠나 내가 네게 보여줄 땅으로 가라. 내가 너로 큰 민족을 이루고 네게 복을 주어 네 이름을 창대하게 하리니 너는 복이 될지라"(창 12:1-2). 나이 75세에 갈 곳도 모른 채 무슨 이민을 가는가? 더욱이 이브라함 자신은 큰 민족을 이룰 비전이 없었다. 그는 나이 75세가 되도록 아들 하나도 없는 사람이었다. 그런데 무슨 큰 민족을 이루겠는가?

모세는 나이 80세에 미디안 광야에서 죽기만을 기다리며 양이나 치며 소일하고 있었다. 그가 이스라엘 백성들을 출애굽시킬 계획은 눈곱만큼도 없었다. 그냥 하나님께서 일방적으로 비전을 주신 것이다. "이제 가라. 이스라엘 자손의 부르짖음이 내게 달하고 애굽 사람이 그들을 괴롭히는 학대도 내가 보았으니 이제 내가 너를 바로에게 보내어 너에게 내 백성 이스라엘 자손을 애굽에서 인도하여 내게 하리라"(출 3:9-10).

여호수아는 모세의 몸종으로 40년 동안 모세의 수종을 드는 자로 살았다. 여호수아의 나이가 80세 정도 되던 어느 날, 모세가 죽은 뒤 하나님께서 여호수아에게 이스라엘 백성들을 데리고 가나안 땅으로 들어가라는 비전을 주셨다. "내 종 모세가 죽었으니 이제 너는 이 모든 백성과 더불어 일어나 이 요단을 건너 내가 그들 곧 이스라엘 자손에게 주는 그 땅으로 가라. 내가 모세에게 말한 바와 같이 너희 발바닥으로 밟는 곳은 모두 내가 너희에게 주었노니"(수 1:2-3). 여호수아가 생각한 모세는 너무나 큰 인물이었다. 모세가 죽은 뒤 이스라엘 백성들은 망연자실하며 한 달 동안 통곡하였다. 그런데 하나님은 모세의 죽음으로 여호수아에게 광야를 40년 동안 헤맨 오합지졸들을 데리고 무기 하나 없이 가나안 땅을 정복하라는 엄청나게 큰 비전을 품게 하셨다.

다윗은 이새 집안에 여덟 형제 중에 막내로 태어났다. 그는 아버지로부터 한 번도 다윗이라는 이름으로 불리지 않았고 언제나 막내로만 불린 평범한 사람이었다. 그는 감히 자신이 나라를 이끄는 왕이 되거나 더더욱 자신이 메시아를 태어나게 하는 로열패밀리가 되리라고는 꿈도 꾸지 못했다.

다윗이 17세 정도 되는 나이에 그 당시 가장 유명한 사무엘 선지자가 자신의 집을 방문하였다. 사무엘 선지자는 이새에게 아들 중에 왕이 될 자가 있으니 아들들을 모으라고 하였다. 이새는 이 특별한 사무엘 선지자의 급작스러운 방문에 모든 아들을 다 모았다. 그러나 다윗은 부르지 않았다. 왜냐하면 아버지 이새의 눈에는 다윗은 왕이 될 만한 인물이 아니었다. 그런데 사무엘 선지자는 첫째 엘리압, 둘째 아비나답, 셋째 삼마…. 일곱 아들이 다 지나가도 아니라고 하며 다른 아들을 데려오라고 하였다. 이새는 고개를 갸우뚱거리며 막내인 다윗을 불렀다. 하나님은 사무엘에게 다윗이 왕이니 그에게 기름을 부으라고 말씀하셨다.

그날 다윗은 왕이 되는 비전을 품게 되었다. "이에 사람을 보내어 그를 데려오매 그의 빛이 붉고 눈이 빼어나고 얼굴이 아름답더라. 여호와께서 이르시되 이가 그니 일어나 기름을 부으라 하시는지라. 사무엘이 기름 뿔병을 가져다가 그의 형제 중에서 그에게 부었더니 이날 이후로 다윗이 여호와의 영에게 크게 감동되니라. 사무엘이 떠나서 라마로 가니라"(삼상 16:12-13). 다윗은 자신이 왕이 될 생각을 한 적이 한 번도 없었다. 그때는 이미 사울이라는 왕이 버젓이 살아 있었다. 그날 이후 그의 생각도 행동도 꿈도 비전도 모든 것이 다 달라졌다. 다윗 이후 모든 선지자도 하나님께서 비전을 주셔서 대선지서나 소선지서를 쓰게 되었다.

신약성경에서는 요셉과 마리아에게 비전을 주셨다. 어느 날 마리아에게 천사가 나타나서 아기 예수를 잉태할 것을 말씀하셨다. "천사가 이르되 마리아여 무서워하지 말라. 네가 하나님께 은혜를 입었느니라. 보라. 네가 잉태하여 아들을 낳으리니 그 이름을 예수라 하라"(눅 1:30-31). 마리아는 너무나 평범한 나사렛 동네 처녀였다. 마리아는 한 번도 자신이 메시아를 잉태할 자로 생각하지 않았다. 마리아가 성령으로 아기 예수를 잉태한 이후 그녀의 인생은 사람이 하나님의 아들을 낳은 위대한 여인이 되었다.

사도 바울은 바리새인으로 당대에 성공한 유대인으로 살았다. 그가 다메섹에서 예수님을 만난 뒤 이방의 빛이 되라는 비전을 갖게 되었다. "나더러 또 이르시되 떠나가라. 내가 너를 멀리 이방인에게로 보내리라 하셨느니라"(행 22:21). 바울은 오직 세상의 성공을 위해 살았었다. 그런데 그가 다메섹에서 예수님을 만나 이방인들에게 복음을 전하는 자가 되라는 비전을 받은 것이다.

바울은 이 비전을 품게 되자 놀라운 인생을 살았다. 그가 가는 곳마다 기적이 일어났다. 앉은뱅이가 일어나고, 독사에 물려도 죽지 않고, 귀신들이 떠나고, 그가 가면 온 성이 발칵 뒤집히고, 감옥문이 열리고, 심지어 죽은 자도 살아났다. 그는 가는 곳마다 복음을 전하고 교회를 세웠다. 그는 자신의 비전을 위해 죽는 것도 두려워하지 않았다.

바울은 전도여행 중 여러 곳에서 예루살렘에 가면 체포되어 죽게 될 것이라는 예언을 듣게 되었다. 그래도 그는 자신의 비전을 향

모든 교인은 교회의 리더다

해 가는 것을 중단하지 않았다. 그가 밀레도 항구에서 에베소 장로들과 마지막 작별인사를 할 때 장로들이 울며 예루살렘으로 가지 말라고 말렸다. 그때 바울은 유명한 말을 남긴다.

"내가 달려갈 길과 주 예수께 받은 사명 곧 하나님의 은혜의 복음을 증언하는 일을 마치려 함에는 나의 생명조차 조금도 귀한 것으로 여기지 아니하노라"(행 20:24).

바울은 "나에게는 사명이 있다. 이 사명을 위해 죽을 것이다"라고 하며 죽음을 향해 뚜벅뚜벅 걸어갔다. 왜냐하면 죽음보다 비전이 더 컸기 때문이다. 그는 예수님 다음으로 성경을 13권이나 쓰게 되는 가장 위대한 사도가 되었다.

당신은 이 세상에서 성공하는 야망 말고 내가 그 일을 하다가 죽어도 좋은 사명이 있는가? 현대인들은 자기의 비전은 있는데 하나님이 주신 사명은 없다. 성경에서 말하는 비전은 나의 욕심이나 나의 성공이 아니라 하나님께서 일방적으로 잉태시키는 것이다. 그렇다면 구약시대도 신약시대도 아닌 현대를 사는 우리는 어떻게 하나님의 비전을 잉태해야 하는가?

예수님께서 우리에게 비전을 분명하게 심어주셨다. 예수님은 공생애를 3년 반 사신 후 우리의 죄를 위해 십자가에서 죽으시고 3일

만에 부활하셨다. 그리고 40일 동안 제자들에게 나타나시다가 마지막 유언을 하고 떠나셨다. 부활하신 예수님은 40일 동안 학교를 짓거나 병원을 세우지 않으셨다. 또한 공장이나 편의시설을 만들지도 않으셨다. 단지 제자들에게 비전을 주셨다.

그 말씀이 'Great vision'이다. "예수께서 나아와 말씀하여 이르시되 하늘과 땅의 모든 권세를 내게 주셨으니 그러므로 너희는 가서 모든 민족을 제자로 삼아 아버지와 아들과 성령의 이름으로 세례를 베풀고 내가 너희에게 분부한 모든 것을 가르쳐 지키게 하라. 볼지어다. 내가 세상 끝날까지 너희와 항상 함께 있으리라 하시니라"(마 28:18-20).

하늘과 땅의 모든 권세를 가진 이가 예수님이시다. 하늘의 권세는 하나님이 가지신 권세이다. 땅의 권세는 자연을 다스리는 권세, 풍랑을 다스리는 권세, 귀신을 쫓아내는 권세, 질병을 고치는 권세, 죽은 자를 살리는 권세이다. 이런 권세를 우리에게 주셨다. 왜냐하면 우리가 예수님의 비전을 이룰 자이기 때문이다.

예수님이 우리에게 주신 비전은 아주 분명하다. 그것은 모든 민족을 제자 삼는 일이다. 우리는 나를 넘어야 한다. 내 가족을 넘어서야 한다. 내 민족을 넘어야 한다. 모든 족속에게 복음을 전하고 그들을 제자로 삼아야 한다. 우리는 내 성공을 위해 살 것이 아니라 모든 사람을 예수님의 제자로 삼는 비전을 위해 살아야 한다.

그렇다면 모든 사람을 제자로 삼는다는 말이 무슨 뜻인가? 모든

모든 교인은 교회의 리더다

사람을 예수님의 제자가 되게 해야 한다는 뜻이다. 예수님의 제자는 예수님을 따르는 자이다. 모든 사람을 예수님을 따르는 자가 되게 해야 한다는 것이다. 우리가 모든 사람을 예수님의 제자로 만들지 않으면 세상이 모든 사람을 자신의 제자로 만들어버릴 것이다.

여기서, 예수님의 제자가 되려면 반드시 자기를 부인하고 십자가를 져야 한다. "무리와 제자들을 불러 이르시되 누구든지 나를 따라오려거든 자기를 부인하고 자기 십자가를 지고 나를 따를 것이니라. 누구든지 자기 목숨을 구원하고자 하면 잃을 것이요 누구든지 나와 복음을 위하여 자기 목숨을 잃으면 구원하리라"(막 8:34-35). "또 무리에게 이르시되 아무든지 나를 따라오려거든 자기를 부인하고 날마다 제 십자가를 지고 나를 따를 것이니라"(눅 9:23).

제자가 되려는 자는 자기를 부인하고 자기 십자가를 져야 한다는 이 말씀 안에는 내가 죽고 예수가 살아야 한다는 의미가 담겨 있다. 내가 죽지 않고는 예수님의 제자가 될 수 없다. 내 욕심, 내 비전, 내 성공, 내 야망이 죽어야 한다. 나는 중요한 것이 아니다. 내 안에 내가 죽고 예수님이 살아야 한다. "이는 내게 사는 것이 그리스도니 죽는 것도 유익함이라"(빌 1:21). 내 삶의 목적이 예수가 되어야 한다. 내 진정한 삶의 비전은 예수님이 내 주인이 되어 살 때 이루어진다. 내가 죽고 내 안에 예수가 살려면 먼저 내가 예수님의 제자가 되어야 한다. 그래야 다른 사람들을 예수님의 제자가 되게 할 수 있다.

한 사람을 소개하고자 한다.

"나에게 천 번의 삶이 있다면, 그 삶을 한국을 위해 바치겠다"(If I had a thousand lives to give, Korea should have them all). 이 말은 24세 젊은 나이로 조선에 와서 불과 8개월 만에 순교한 루비 켄드릭 선교사의 묘비에 쓰인 말이다.

미국 텍사스 남 감리교회의 독실한 가정에서 태어난 루비 켄드릭은 꿈 많은 소녀시절부터 불신자들에 대한 구령의 열정으로 가득했다. 그녀는 해외선교사가 되기로 결심하고 텍사스 여자고등성경학교에 진학했다.

1905년 6월에 졸업한 그녀는 선교사 파송 나이 제한에 걸리자 교사로 1년, 대학 학부과정 1년을 수학하면서 해외선교를 위해 착실히 준비했다. 그녀는 이 기간에 텍사스 엡윗 청년회 대표가 되었고, 드디어 1907년 9월에 남감리교회 여자외국선교부의 파송을 받아 조선으로 달려왔다.

텍사스에서 엡윗 청년회 콘퍼런스가 열리던 중 조선에 대한 남다른 사랑이 가득 담긴 그녀의 편지 한 통이 도착했다. "만일 내게 일 천 생명이 있다면 그것을 모두 조선에 주겠노라"는 내용이었다. 그 편지는 그곳에 있던 수많은 사람의 심령을 감동시켰다. 그런데 엡윗 청년회 콘퍼런스 이튿날에 조선으로부터 갑자기 비보가 날아들었다. 루비 켄드릭이 세상을 떠났다는 충격적인 소식이었다.

그녀는 1908년 6월 9일에 맹장염에 걸려 수술을 받았지만 열흘

모든 교인은 교회의 리더다

후인 그달 19일에 그만 세상을 떠나고 말았다. 조선 선교의 꿈을 이루지도 못한 채 25세의 꽃다운 나이로 주님의 부르심을 받은 것이다. 하지만 그녀의 죽음은 헛되지 않았다. 그녀는 세상을 떠나기 직전에 주변 사람들에게 이런 말을 남겼다. "만일 내가 죽으면 텍사스 청년들에게 가서 열 명씩, 스무 명씩, 서른 명씩 조선으로 오라고 일러주십시오."

그녀의 말은 텍사스 엡윗 청년회 콘퍼런스에 전달되었고, 그 자리에 참석한 수많은 젊은이의 가슴에 선교의 불씨를 지폈다. 그들 중 20여 명이 은둔의 나라 조선으로 달려왔다. 그리고 텍사스 엡윗 청년회는 해마다 헌금을 모아 조선에서 사역하던 선교사들의 사례비를 지원했다. 엡윗 청년회는 1889년 미국에서 창설된 감리교의 청년단체이다. '엡윗'은 요한 웨슬리의 고향 이름에서 따왔다.

다음은 그녀가 조선에서 마지막으로 부모님에게 보낸 편지 내용이다.

아버지, 어머니!

탄압이 점점 심해지고 있습니다. 그저께는 예수님을 영접한 지 일주일도 안 된 서너 명이 끌려가 순교했고, 토머스 선교사와 제임스 선교사도 순교했습니다. 선교본부에서는 철수하라는 지시가 있었지만 대부분의 선교사는 그들이 전도한 조선인들과 아직도 숨어서 예배를 드리고 있습니다. 그들은 모두가 순교할 작정인가 봅니다.

오늘 밤은 유난히도 고향으로 돌아가고 싶습니다. 외국인들을 죽이고 기독교를 증오한다는 소문 때문에 부두에서 저를 끝까지 말리셨던 어머니의 얼굴이 자꾸 제 눈에 어른거립니다.

아버지, 어머니!

어쩌면 이 편지가 마지막일 수도 있습니다. 제가 이곳에 오기 전 뒤뜰에 심었던 한 알의 씨앗이 이제 내년이면 온 동네에 가득하겠죠? 그리고 또 다른 씨앗을 만들어 내겠죠?

저는 이곳에서 작은 씨앗이 되기로 결심했습니다. 제가 씨앗이 되어 이 땅에 묻히게 되었을 때 아마 하나님의 시간이 되면 조선 땅에는 많은 꽃이 피고 그들도 여러 나라에서 씨앗이 될 것입니다. 저는 이 땅에 심장을 묻겠습니다. 바로 이것은 제가 조선을 향한 열성이 아니라 하나님께서 조선을 향한 열정이라는 사실을 알게 되었습니다.

하나님의 꿈은
순종하기만 하면 이루어가신다

하나님의 꿈을 잉태하고 이루는 것에는 내 실력이나 내 능력은 그리 중요한 것이 아니다. 다만 내가 그 하나님의 꿈을 꾸고 순종하느냐에 달려 있다. 지금 당신의 나이가 일곱 살이든 일흔 살이든 간

모든 교인은 교회의 리더다

에 상관없다. 당신의 인격이 부족해도 상관없다. 당신의 과거 이력이 엉망이어도 괜찮다. 하나님께서 잉태시키는 비전은 나이나 주변 상황에 전혀 상관없이 이루신다. 지금도 하나님은 믿음을 가진 자이면 누구에게나 하나님의 꿈을 주고 이루어가신다.

이 세상에 쓸데없이 자리만 차지하려고 존재하는 자는 아무도 없다. 하나님께서 사람을 이 세상에 보낼 때는 반드시 하나님의 목적이 있다. 더 평범하게 초라한 인생을 살지 말고 하나님께서 나에게 주신 하나님의 비전을 잉태하라. 이 하나님의 비전을 잉태하기만 한다면 그는 결코 평범한 자가 아니다.

예수님께서 제자들에게 "모든 족속으로 제자를 삼으라"고 하신 하나님의 꿈은 초라한 제자들이 이룰 수 있는 꿈이 아니었다. 그런 꿈은 로마 원로원이나 로마 장군들에게 주어야 이룰 수 있는 꿈이었다. 그러나 예수님은 로마의 식민지로 살아가는 갈릴리 어촌의 촌부들에게 그런 어마어마한 꿈을 주셨다.

하나님은 내 힘으로 이룰 수 없는 불가능한 꿈을 주시는 분이다. 원래 하나님의 꿈이라는 것은 내 힘으로 할 수 없는 일이다. 내 힘으로 할 수 있다면 그것은 내 꿈이지 하나님의 꿈이 아니다. 하나님은 나에게 내 힘으로 할 수 없는 꿈을 하나님의 능력으로 이루길 원하신다. 우리 하나님은 불가능한 일을 불가능해 보이는 사람을 통해 이루시는 전문가시다.

하나님에게는 이루시지 못할 너무 큰 꿈이란 없다. 하나님께서 주시는 꿈은 처음에는 너무 커 보인다. 그러나 우리가 믿음으로 그 꿈을 잉태하고 받아들이기만 한다면 하나님이 이루어가실 것이다.

노아는 방주 짓는 법을 몰랐다. 왜냐하면 노아 이전에는 한 번도 비가 온 적이 없었기 때문이다. 하지만 하나님께서 방주 짓는 법에 대한 모든 것을 가르쳐주셨다. 아브라함은 100세에 아들을 낳을 수 있다는 것을 상상조차 하지 못했다. 모세는 이스라엘 백성들을 출애굽시킬 수 있는 능력도, 방법도 몰랐다. 여호수아는 하나님께서 모세가 죽은 뒤 가나안 땅을 차지하라고 할 때 너무 두려워 덜 덜 떨었을 것이다. 기드온은 하나님께서 그에게 나타나 미디안 백성들과 싸우라고 할 때 자신은 극히 약하고 가장 작은 자라며 낮은 자존감을 드러냈다. 다윗이 왕이 될 확률은 0%였다. 그러나 하나님은 그들이 순종할 때 그들을 통해 하나님의 비전을 이루어가셨다.

여기서, 우리가 하나님의 꿈을 이루려면 물고기에게 물이 필요하듯 우리에겐 하나님의 능력이 필요하다. "우리가 그를 힘입어 살며 기동하며 존재하느니라"(행 17:28). 당신이 하나님의 꿈을 이루길 원하는가? 그렇다면 예수님을 주인으로 삼고 주인이신 예수님을 붙잡으라. 그분은 언제 어디서나 무엇이든지 해결할 수 있는 분이시다.

아무리 평범한 사람이라도 하나님의 꿈을 잉태하고 순종하는 순간 위대한 사람이 된다. 아브라함이 하나님의 꿈을 잉태하고 순종하자 믿음의 조상이 되었다. 모세가 하나님의 꿈을 잉태하고 순종하자 민족을 살리는 위대한 리더가 되었다. 여호수아가 하나님께서 네가 밟는 땅마다 다 네 땅이 되게 하겠다는 말씀에 순종하자 가나안 땅을 모두 정복할 수 있었다. 기드온이 하나님의 말씀에 순종하자 용사 300명으로 미디안 군사 13만 5천 명을 물리치고 승리할 수 있었다. 다윗이 하나님의 꿈을 잉태하고 골리앗과 싸우라는 내면의 음성에 순종하자 목동에서 왕이 되었다. 사울이 이방의 빛이 되라는 하나님의 꿈을 잉태하여 순종하자 살인자에서 사도 바울이 되었다.

하나님의 꿈을 잉태하고 그분의 음성에 순종하라. 우리는 모두 하나님의 꿈을 잉태하고 그 꿈을 이루기 위해 태어났다. 우리가 잉태한 하나님의 꿈은 우리가 이루는 것이 아니라 하나님께서 이루도록 도우신다. 우리는 그분에 의해 창조되었고 그분을 위해 지음받았다.

하나님은 지금도 하나님의 비전을 잉태하게 하신다. 당신의 가슴을 뛰게 하는 하나님의 비전을 품기 바란다. 그 비전은 예수 안에서 선한 일이면 된다. "우리는 그가 만드신 바라. 그리스도 예수 안에서 선한 일을 위하여 지으심을 받은 자니 이 일은 하나님이 전에 예비하사 우리로 그 가운데서 행하게 하려 하심이니라"(엡 2:10).

하나님께서 우리를 왜 만드셨는가? 예수 안에서 선한 일을 하게 함이다. 그냥 선한 일이 아니다. 예수 안에서 선한 일이다. 예수 안에서 선한 일이 바로 예수님이 내 주인이 되어 내게 시키시는 일이다. 다시 말하면 예수 안에서 선한 일이란 바로 불신자들을 예수님의 제자가 되게 하는 복음을 전하는 일이다. 무슨 선한 일을 하든지 그것을 통해 예수를 전하면 된다.

음악가인가? 음악으로 예수님을 위한 선한 일을 하라. 운동하는 스포츠인인가? 그 운동으로 예수님을 전하고 예수님의 제자를 만들면 된다. 물질이 있는가? 복음을 위해 쓰라. 시간이 있는가? 예수님의 제자 삼는 일에 뛰어들라. 아버지인가? 가족을 예수님의 제자로 만들라. 엄마인가? 자녀들을 예수님의 제자로 삼아라. 만약 당신의 자녀들을 예수님의 제자로 만들지 못했다면 세상이 당신의 자녀들을 세상의 사람으로 만들어버릴 것이다.

당신은 평생 몇 명을 예수님의 제자로 만들었는가? 세상에 유명한 사람들이 참 많다. 세상에 성공한 이들도 많다. 그러나 이 세상에 살면서 아무리 큰 성공을 했다 하더라도 한 사람의 영혼도 구원하지 못했다면 그는 하나님이 주신 은사를 오직 자신의 성공만을 위해 쓴 가장 어리석은 사람이다. 세상에서는 성공했지만 하나님 앞에서는 패배자이다.

하나님은 오늘도 하나님의 꿈, 예수님의 제자 삼는 일에 우리를 초대하신다. 예수님의 이름으로 섬기는 물 한 컵도 귀히 여기신다. 우리 주위에 있는 사람들에게 복음을 전하는 선한 일보다 더 중요한 일은 없다. 한 해 한 해가 갈수록 우리의 삶에서 하나님의 꿈을 이룰 수 있는 시간은 점점 더 줄어들고 있다. 단 하루도 지체하지 마라.

내 야망을 위해 살지 말고, 오직 모든 족속을 제자로 삼는 하나님의 꿈을 위해 살라. 절대 후회하지 않는 삶이 될 것이다. 당신의 주인은 당신이 아니라 예수님이시다. 내 야망이 아닌 내 주인이신 주님의 비전을 잉태하고 그 비전을 향해 가라. 큰 은혜가 부어질 것이다. 당신의 주인이신 그분의 꿈을 잉태하면 그분께서 만날 사람을 준비해 놓고 기다리신다. 주님의 꿈을 잉태하면 최고의 삶이 기다리고 있다. 오늘 주님의 음성을 듣고 그분의 꿈을 향해 행동하라.

오늘은 하나님의 꿈을 이룰 수 있는 기회다

운동선수에게 다시 100m를 뛰라고 하면 새로운 각오로 뛸 것이다. 화가에게 새 종이와 새 붓을 주면서 다시 그리라고 하면 새로운 마음가짐으로 그릴 것이다. 영화감독에게 새 각본과 돈을 주면서 다시 영화를 만들라고 하면 열정을 가지고 일할 것이다. 하나님은 '오늘'이라는 새로운 흰 도화지를 펼쳐주시면서 다시 새롭게 오늘을 아름답게 그려보라고 하신다. 주님은 '오늘' 당신을 위해 새로운 하루를 주시고 새로운 축복을 계획하고 계신다.

주님께서 당신에게 새로운 하루를 주신다는 것은 당신에게 새로운 계획을 세우고 계신다는 뜻이다. 세상의 모든 기득권을 버리고 하나님이 주시는 제자 삼는 비전을 오늘 우리는 이루어야 한다. 우리는 이 비전을 이루며 살아야 한다. 예수님은 한 번도 세상의 성공을 향해 살지 않으셨다. "내가 하늘에서 내려온 것은 내 뜻을 행하려 함이 아니요. 나를 보내신 이의 뜻을 행하려 함이니라"(요 6:38). 예수님은 언제나 하나님이 주신 비전을 품고 그 비전을 향해 사셨다. 우리도 우리의 비전이 아닌 하나님의 비전을 품고 그 비전을 향해 살아야 한다.

우리는 매 순간 "하나님은 나에게 무엇을 원하실까?"를 생각하며 행해야 한다. 오늘 당신의 꿈을 말하기 전에 나를 향한 하나님의 비전이 무엇인지 생각해보고 그 하나님의 꿈을 품고 행해야 한다. 당신이 그 비전을 향해 살 때 비로소 진짜 위대한 삶이 시작된다. 문학가 빅토르 위고는 이런 말을 했다. "죽는 것은 아무것도 아니다. 한 번도 진정으로 산 적이 없었다는 것이 가장 두려운 일이다." 그렇다. 내가 주인 되어 살면 아무것도 아닌 두렵고 초라한 인생이 되지만 예수님이 주인 되시면 사는 것 자체가 흥분되고 기대되는 삶이 된다.

이 땅에서의 삶은 순식간에 다 지나간다. "이 세상도, 그 정욕도 지나가되 오직 하나님의 뜻을 행하는 자는 영원히 거하느니라"(요일 2:17). 이 땅에서 평생을 살며 단 하루도 그분을 주인으로 모시고 살지 못하고 일생을 마친다는 것은 비극이다. 아무리 교회를 오래 다녀도 자칫 잘못하면 내 꿈에 취해 인생을 다 낭비할 수 있다.

최근에 버킷 리스트가 유행이다. 버킷 리스트는 평생 자신이 하고 싶은 것을 적고 그것을 이루어가는 것을 말한다. 이것은 불신자들이 만들어낸 세상을 사는 이유를 설명하는 자구책일 뿐이다. 우리는 내 꿈, 내 비전을 이루다가 인생을 다 낭비할 수 없다. 내 꿈에 취해 하나님이 주신 소중한 시간을 낭비해서는 안 된다. 내 꿈을 이루는 것은 허무이다. 허무를 향해 살지 마라.

불신자들은 자신의 꿈이라도 이루어보는 것이 삶의 목적이 될 수 있다. 그러나 우리는 내 꿈을 이루기 위해 이 땅에 태어나지 않았다. 우리는 내가 하고 싶은 것을 하기 위해 태어난 인생이 아니다. 태어난 것이 나의 뜻이 아니라 하나님의 뜻이고 하나님의 계획이시다. 우리는 우리를 이 땅에 보내신 분의 목적대로 살다가 그 목적을 다 이루고 죽어야 한다.

우리는 우리의 주인이신 주님의 꿈을 이루는 자로 살아야 한다. 당신의 주인이 예수님이라면 내 비전, 내 야망, 내 욕심, 내 꿈을 내려놓아야 한다. 내 꿈, 내 비전을 내려놓고 진짜 나의 주인이신 예수님의 꿈, 그분의 비전을 이루는 삶을 살아야 한다. 날마다 예수님을 주인으로 삼고 그분이 원하시는 대로 사는 하루하루는 모든 삶이 기대되는 삶이며 기쁨의 삶이다.

날마다 그분과 친밀한 사귐을 누리다가 천국에 가라. 천국에 가는 그날이 기다려질 것이다. 메시지 성경을 쓴 유진 피터슨 목사가 죽기 직전에 마지막으로 남긴 말이 "Let's go!"였다. 우리도 천국에 가는 것이 신나야 한다. 누가 천국에 가는 것을 기뻐하는가? 하나님의 꿈을 위해 산 사람이며 천국을 향해 산 성도이다. 정말 후회 없는 멋진 인생을 살고 싶은가? 하나님으로 시작하라.

당신은 이 땅에 살면서 직접 예수님의 제자로 만든 사람이 몇 명인가? 스스로 물어보라. 그러면 오늘 무엇을 해야 할 것인지 분명해질 것이다. 자녀를 예수님의 제자로 만들라. 구역원들을 예수님의 제자로 만들라. 직장 동료들을 예수님의 제자로 만들라. 당신이 만나는 모든 사람을 예수님의 제자로 만들라.

당신이 예수님의 제자를 한 명 만들 때마다 하나님이 천국 보좌에서 벌떡 일어나 춤을 추실 것이다. 당신이 하나님의 꿈을 향해 살기 시작한다면 지금까지 알아 왔던 하나님이 아닌 전혀 다른 하나님을 경험하게 될 것이다. 상상도 할 수 없는 놀라운 일들이 일어나게될 것이다. 모든 성경이 다 그것을 기록하고 있다. 당신은 하나님의 꿈을 이루기 위해 태어난 사람이다. 당신이야말로 하나님의 꿈을 이룰 수 있는 히든카드다. 당신이 바로 하나님 나라의 리더다.

Week 10

소그룹 10주 양육훈련

집사, 권사, 장로 및 제직 & 구역장 및 교사대학
소그룹 양육훈련 교과서

1. 당신이 살면서 인생에 최고의 만남은 무엇이었는가?

   그 만남을 서로 나누어보라.

   ....

   ....

   ....

2. 당신 인생의 최고 만남인 하나님을 만났는가?

   정직하게 나누어보라.

   (하나님에 대해 아는 것과 하나님을 만난 것은 다른 것이다).

   ....

   ....

   ....

모든 교인은 교회의 리더다

3. 마태복음 15장에서 나오는 가나안 여인에게 예수님께서 계속 싸늘한 반응을 보이신 이유는 무엇인가?

....

....

....

4. 시편 42편을 쓴 사람은 누구인가?

　그들이 시편 42편 1절을 기록한 이유는 무엇인가?

....

....

....

5. 당신은 요즘 하나님을 향한 갈망이 있는가?

....

....

　그렇지 않다면 그 이유는 무엇인가?

....

....

....

6. 다윗이 위대한 영성을 가진 이유는 무엇인가? (시 16:8)

....

....

....

7. 하나님께서 우리에게 가까이할 수 있는 비결은 무엇인가?
   (약 4:8)

....

....

....

모든 교인은 교회의 리더다

1. 영국교회나 미국교회가 침체 되어가는 가장 큰 원인은 무엇인가?

....

....

....

....

2. 예수님께서 십자가를 지시기 전에 제자들과 함께 최후의 만찬을
   하면서 말씀하신 가장 큰 메시지는 무엇인가? (요 14-16장)

....

....

....

....

3. 예수님께서 십자가에서 죽으시고 부활하신 후 제자들에게 무엇을 부탁하셨는가? (행 1:4-5,8)

....

....

....

....

4. 사도행전의 별명은 무엇인가? 사도행전에 나타난 수많은 기적과 수많은 교회를 세우게 된 원동력은 무엇인가?

....

....

....

....

5. 연약한 우리를 도우시는 분은 누구인가? (롬 8:26)

....

....

....

....

모든 교인은 교회의 리더다

6. 오늘날 그리스도인을 매 순간 돕고 가르치시는 분은 누구인가?
   (요 14:26)

   ....
   ....
   ....
   ....

7. 당신이 성령으로 충만하려면 어떻게 해야 하는가? (행 1:14)

   ....
   ....
   ....
   ....

1. 예수님이 제자들을 떠나 하늘로 승천하시면서 이 땅에 남겨두신
   것은 무엇인가?

   ....

   ....

   ....

2. 교회의 주인은 누구인가? (마 16:18)

   ....

   ....

   ....

3. 교회는 예수님의 무엇인가? (엡 1:23)

   ....

   ....

모든 교인은 교회의 리더다

4. 초대교회 교인들은 무엇이 충만하였는가? (행 2:4)

....

....

....

5. 초대교회의 특징을 찾아보라. (행 2:42-47)

....

....

....

6. 위의 내용으로 볼 때 당신의 교회에 제일 부족한 것이 무엇인가?
   그것을 놓고 같이 기도하는 시간을 가져보라.

....

....

....

7. 당신은 교회에 모이기를 힘쓰고 있는가?

....

....

....

소그룹 나눔 _ **WEEK 04**

하나님을 기대하고 기도하라

1. 지금 당신에게는 희망이 있는가? 당신의 상황과 상관없이 당신이
   희망을 품어야 하는 이유는 무엇인가? (전 9:4, 고전 13:13)

   ....

   ....

   ....

   ....

2. 당신을 향한 하나님의 계획은 무엇인가? (렘 29:13)

   ....

   ....

   ....

   ....

모든 교인은 교회의 리더다

3. 사도행전 12장에 나오는 감옥에 갇힌 베드로가 풀려날 확률은 있는가? 그런데 왜 기도하였는가? 당신은 모든 상황이 회복 불가능한 상황이 되었을 때 하나님을 기대하고 간절히 기도하는가? 서로의 경험을 나누어보라.

....
....
....
....

4. 당신은 매일 하나님을 기대하며 살고 있는가? 아래 성경 구절을 찾아 기록해보라.

- 롬 11:36

....

- 빌 4:19

....

- 엡 3:20

....

- 약 1:17

....

5. 당신은 당신의 교회와 교회 지도자를 위해 기도하고 있는가?
   그렇지 않다면 지금 작정해보라.

   ....

   ....

   ....

   ....

6. 지금 당신을 가두고 있는 감옥문이 열리길 기도하라.

   ....

   ....

   ....

   ....

7. 리더에게 가장 중요한 것은 무엇인가? 여호수아에게서 답을 찾아
   보라. (출 17장)

   ....

   ....

   ....

   ....

1. 당신이 존경하는 사람 3명을 적어보라. 이순신 장군 같은 과거의
   인물이 아니라 지금 실존하는 인물을 써보라(만약 그 3명이 없다
   면 당신은 존경이 부족한 사람이다). 그리고 왜 그를 존경하는지
   나누어보라.

   ....
   ....
   ....

2. 당신과 당신 아버지의 관계가 어떤지 나누어보라.

   ....
   ....
   ....
   ....

3. 당신이 존경하는 교회의 리더 이름을 적어보라(만약 담임목사님의 이름이 빠졌다면 당신은 지금 위험한 신앙생활을 하고 있다).

....

....

4. 당신은 당신의 윗사람이 잘못하고 있다고 느낄 때 어떻게 표현하는가?

....

....

5. 당신은 주위 사람들을 존중 잘하는 사람인가, 비난 잘하는 사람인가? 스스로 생각해보고 기도하는 시간을 가져보라.

....

....

6. 예수님이 재림하시는 날 가나안 사람들을 모두 없애겠다고 말씀하셨는데, 가나안 사람들의 모든 문제가 어디에서 시작되었는가? (창 9:22, 슥 14:21)

....

....

1. 순종은 누구에게서 배우는 것이 가장 좋은가?

....

....

2. 아담과 하와가 에덴동산에서 쫓겨난 이유는 무엇인가?

....

....

3. 강한 자에게서 단 것이 나오는 것이 무엇인가? (삿 14:14)
   이 구절의 의미를 서로 나누어보라.

....

....

....

4. 왜 우리는 권위자에게 순종해야 하는가? (롬 13:1)

....

....

5. 당신이 혹시 권위자의 자리에 있다면 로마서 11장 36절을 읽고,
   느낀 점을 나누어보라.

....

....

6. 당신 위에 있는 권위자와 갈등이 있다면, 권위자의 위치와 인격
   을 혼돈하지 말라는 말에 대해 서로 의견을 나누어보라.

....

....

....

7. 순종하는 자에게는 어떤 복이 있는가? (사 1:19, 전 8:12-13)

....

....

....

모든 교인은 교회의 리더다

소그룹 나눔 _ **WEEK 07**

작은 일로 위대한 섬김을 시작하라

1. 우리는 이 땅에 왜 태어났는가? (엡 2:10)

....

....

....

....

2. 당신 주위에 있는 지극히 작은 자가 누구인가?

....

....

....

....

3. 마가복음 10장에 제자들이 서로 누가 높은 자리를 차지할 것인가 싸울 때 예수님의 답은 무엇인가?

....

....

....

....

4. 섬기는 자는 어떤 마음가짐으로 섬겨야 하는가?
   (시 100:2, 사 66:14)

....

....

....

....

5. 당신의 교회에서 어떤 태도로 섬기고 있는가? 정직히 나누고, 고칠 점을 말해보라. 당신의 교회에 섬김에 본이 되는 사람은 누구인가? 그 사람의 무엇이 좋은가?

....

....

....

모든 교인은 교회의 리더다

6. 당신은 말고의 귀를 자른 베드로처럼 칼을 들고 비판을 잘하는가,
   예수님처럼 수건을 들고 잘 섬기는가?

   ....

   ....

   ....

   ....

7. 좋은 종의 자세에 대해 말해보라.

   ....

   ....

   ....

   ....

당신은 하나님의 거룩한 청지기다

1. 우리를 왜 청지기라고 말하는가? (롬 11:36)

....

....

....

2. 첫 십일조를 드린 사람은 누구인가? (창 14:20)

....

....

....

3. 십일조는 누구의 것인가? (레 27:32)

....

....

....

모든 교인은 교회의 리더다

4. 왜 십일조가 예배의 중심인가? (눅 12:34)

....

....

....

5. 말라기에서 말하는 십일조의 축복을 적어보라.

....

....

....

6. 예수님은 십일조를 어떻게 말씀하셨는가? (마 23:23)

....

....

....

7. 소그룹 구성원들과 함께 십일조의 축복을 나누어보라.

....

....

....

1. 로마서 15장에 나오는 바울의 비전은 무엇인가?

....

....

....

....

2. 당신에게는 복음을 향한 열정이 있는가? 그 열정의 온도를
   1~100으로 표현한다면 몇 도쯤 되는가?

....

....

....

....

모든 교인은 교회의 리더다

3. 당신의 주인은 누구인가?

....

....

....

4. 당신이 직접 전도한 사람은 몇 명이나 되는가?

....

....

....

5. 당신에게는 "이 일을 하다 죽어도 좋겠다"라는 사명이 있는가?

....

....

....

6. 당신이 일생을 마치고 하나님 앞에 섰을 때 어떤 말씀을 들을 것
   같은가?

....

....

....

1. 예수님께서 우리에게 주신 비전은 무엇인가? (마 28:18-20)

....

....

2. 모든 족속을 예수님의 제자가 되게 하려면 먼저 내가 무엇을 해
   야 하는가? (막 8:34-35, 눅 9:23)

....

....

3. 당신 삶의 목적은 무엇인가? (빌 1:21)

....

....

....

모든 교인은 교회의 리더다

4. 당신은 이 땅에 왜 태어났는가? (엡 2:20)

....

....

....

5. 당신에게 예수 안에서 선한 일이란 무엇인가? 당신의 주인에게
   물어보라.

....

....

....

6. 당신에게 주신 하나님의 비전을 이룰 방법은 무엇인가?

....

....

....

7. 당신 삶의 목표는 무엇인가? 정직하게 나누어보라.

....

....

....

〈 소그룹 나눔 1 〉

1.

2.

3. 믿음의 테스터

4. 고라 자손. 부모들의 지은 죄를 되풀이하지 않겠다는 고백이다.

5.

6. 다윗은 항상 하나님을 앞에 모시고 살았다.

7. 내가 늘 하나님 가까이에 가는 것이다.

〈 소그룹 나눔 2 〉

1. 성령을 버림

2. 성령의 중요성

3. 성령을 구하라

4. 성령

5. 성령

6. 성령

7. 오직 기도에 힘씀

〈 소그룹 나눔 3 〉
1. 성령, 교회
2. 예수
3. 예수님의 몸
4. 성령
5. 사도의 가르침, 서로 교제, 떡을 뗌, 기도, 찬양.
6.
7.

〈 소그룹 나눔 6 〉
1. 부모
2. 불순종
3.
4.
5.
6.
7.

〈 소그룹 나눔 7 〉
1. 예수 안에서 선한 일을 하기 위하여
2.
3. 제자들의 발을 씻어주셨다.
4. 기쁨으로
5.
6.
7. 위대한 섬김은 종의 마음으로 작은 것을 섬기는 것부터 시작된다. 위대한
   섬김은 낮은 마음으로 섬긴다. 위대한 섬김은 기쁨을 가지고 섬긴다.

〈 소그룹 나눔 8 〉

1. 내가 가진 모든 것이 주로 말미암고, 모든 것이 다 주께로 돌아가기
   때문이다.
2. 아브라함
3. 하나님의 것
4. 물질이 있는 곳에 마음이 있기 때문이다.
5. 하늘 문을 열고 복을 부어주신다. 해충을 막아주신다.
   열매를 보호해주신다.
6. 예수님은 분명 십일조도 하고 의와 인과 신을 행하여야 함을 말씀하신다.
7.

〈 소그룹 나눔 10 〉

1. 모든 족속으로 제자로 삼는 것
2. 자기를 부인하고 자기 십자가를 지는 것
3. 내게 사는 것은 그리스도니
4. 예수 안에서 선한 일을 하기 위해
5. 기도의 시간을 가져라.
6. 주인에게 순종함으로
7.